U0521621

图文古人生活

棋艺

施袁喜◎著

人民东方出版传媒
People's Oriental Publishing & Media
東方出版社
The Oriental Press

图书在版编目（CIP）数据

棋艺 / 施袁喜 著 . — 北京 : 东方出版社 , 2023.11
ISBN 978-7-5207-3085-3

Ⅰ . ①棋… Ⅱ . ①施… Ⅲ . ①围棋 – 体育文化 – 中国 Ⅳ . ① G891.3

中国国家版本馆 CIP 数据核字 (2023) 第 105217 号

棋艺
（QIYI）

作　　者：施袁喜
责任编辑：王夕月
出　　版：东方出版社
发　　行：人民东方出版传媒有限公司
地　　址：北京市东城区朝阳门内大街 166 号
邮　　编：100010
印　　刷：天津旭丰源印刷有限公司
版　　次：2023 年 11 月第 1 版
印　　次：2023 年 11 月第 1 次印刷
开　　本：650 毫米 ×920 毫米 1/16
印　　张：18
字　　数：200 千字
书　　号：ISBN 978-7-5207-3085-3
定　　价：88.00 元
发行电话：（010）85924663 85924644 85924641

总序

中国文化是一个大故事，是中国历史上的大故事，是人类文化史上的大故事。

谁要是从宏观上讲这个大故事，他会讲解中国文化的源远流长，讲解它的古老性和长度；他会讲解中国文化的不断再生性和高度创造性，讲解它的高度和深度；他更会讲解中国文化的多元性和包容性，讲解它的宽度和丰富性。

讲解中国文化大故事的方式，多种多样，有中国文化通史，也有分门别类的中国文化史。这一类的书很多，想必大家都看到过。

现在呈现给读者的这一大套书，叫作“图文中国文化系列丛书”。这套书的最大特点，是有文有图，图文并茂；既精心用优美的文字讲中国文化，又慧眼用精美图像、图画直观中国文化。两者相得益彰，相映生辉。静心阅览这套书，既是读书，又是欣赏绘画。欣赏来自海内外二百余家图书馆、博物馆和艺术馆的图像和图画。

“图文中国文化系列丛书”广泛涵盖了历史上中国文化的各个方面，共有十六个系列：图文古人生活、图文中华美学、图文古人游记、图文中华史学、图文古代名人、图文诸子百家、图文中国哲学、图文传统智慧、图文国学启蒙、图文古代兵书、图文中华医道、图文中华养生、图文古典小说、图文古典诗赋、图文笔记小品、图文评书传奇，全景式地展示中国文化之意境，中国文化之真境，中国文化之善境，中国文化之美境。

这是一套中国文化的大书，又是一套人人可以轻松阅读的经典。

期待爱好中国文化的读者，能从这套“图文中国文化系列丛书”中获得丰富的知识、深层的智慧和审美的愉悦。

王中江

2023年7月10日

前言

围棋在中国古代被称为“弈”，西方称为“Go”。围棋的棋盘面由纵、横各19条线交叉出的361点组成，棋子就落在这些交叉点上。围棋棋子有黑白之分，各180枚。围棋对弈的激烈程度丝毫不亚于战场厮杀,在这方棋盘上，黑白双方斗智斗勇，最后以占地多的一方为胜。

围棋起源于中国，距今已有4000多年的历史。关于围棋的发明众说纷纭，其中尤以“尧造围棋，以教子丹朱”流传最广。相传，尧的儿子丹朱愚笨，又不务正业。尧为了教育丹朱，便发明了一种石子棋，来开发他的智力，稳定他的心性。到春秋战国时期，诸侯割据，连年的战乱，让围棋与兵法相联系，成为各国王孙贵胄学习兵法的重要工具，遂逐渐流行起来。最早见于史籍的棋手弈秋就出现在这一时期。秦统一六国后，因为法律严峻，国人活动被严密监视，关于围棋的活动记载很少。东汉初年，社会上流行赌博，一直是“博行于世而弈独绝”的状况。直到东汉中晚期，围棋活动才又开始流行起来。三国时代，围棋与兵法关系更加密切，诸葛亮、曹操、周瑜等都是高超的棋手。魏晋南北朝时期，因政治环境恶劣，在士人中间掀起了黄老玄学之风，围棋被当成了一种高雅的游戏，因而对弈之风更盛，下棋更是被称为“手谈”。除了棋盘定格为现在的19道和出现评定棋手水平的围棋九品制以外，围棋的理论著述也越来越多，如邯郸淳的《艺经》、敦煌写本《棋经》等都出现在三国、南北朝这一时期，可以说是围棋发展的一大高峰。至此以后，围棋逐渐发展成为古代读书人修身养性的科目“琴棋书画”之一。唐宋时期，帝王们出于自身的喜好，在宫中设立棋待诏，围棋成为一个科举之外入仕的手段，推动了民间围棋的流行，成为围棋发展的另一个高峰。著名棋手王积薪的“围棋十诀”到现在依然适用。元明清时期，由于棋待诏的形同虚设，围棋更多的是向下发展，出现了许多民间棋手和名局，如黄龙士和徐星友的“血泪篇”、施襄夏和范西屏的“当湖十局”等。随着清初的中国古代最后一个围棋发展高峰后，围棋在中国逐渐式微，发展中心也转移到了日本。

如今，我国的围棋事业又呈现出了新的发展气象，在世界大赛中经常能看到我国棋手斩获冠军的身影。要想真正地传承和弘扬围棋这一国粹，更多在于全民的参与，让围棋这项活动成为益智的好工具。鉴于此，本书着重从棋艺文化的角度，以人物故事为点，串连起中国围棋发展的历史，为的是让读者在轻松有趣的氛围下，学到围棋里的智慧，并喜欢上围棋这项活动，从而参与其中。

目录

第一章 先秦时期的围棋

第二章 三国的棋风

第三章 横行南北

第四章 棋事盛行的唐宋

附 围棋中的诗韵

第一章 先秦时期的围棋

『以棋教子』的尧帝

东汉的许慎在《说文解字》中说："弈，围棋也。从廾、亦声。""廾"的古文字为两人举手握棋对局的象形，是很形象化的一个字。围棋除了叫"弈"和"围棋"之外，还有很多有趣的名称，如"坐隐""手谈"，等等。围棋的"围"字，精确地概括了围棋的玩法，一个"围"字把围棋的精髓要义活灵活现地表现了出来。

关于围棋起源的传说很多，其中最早也是最广为流传的一种说法是"尧帝以棋教子"说。晋朝人张华在他写的《博物志》中说："尧造围棋以教子丹朱。"意思是说，尧当初造出围棋是为了教育儿子丹朱的。在宋代罗泌所著的《路史后记》中，对"以棋教子"的记载更为详细，说尧娶妻富宜氏，生下儿子丹朱，丹朱行为不好。尧至汾水之滨，见二仙对坐翠桧，画沙为道，以黑白行列如阵图。尧前去问保全丹朱的办法，一仙曰：“丹朱善争而愚，当投其所好，以闲其情。”指沙道石子：“此谓弈枰，亦名围棋，局方而静，棋圆而动，以法天地，自立此戏，世无解者。”尧受了仙人的指点，教丹朱学习黑白棋道，开发其智力，陶冶其性情。由此可见，围棋是锻炼智力修养心性的好办法。

在尧的时代，围棋除了对弈，还有另外一个作用，那就是占卜。占卜在当时是神灵意志的体现，是很神秘的一种用法。尧将帝位禅让给舜，却把棋艺传给爱子丹朱，后世有人称尧此举是“传舜以王权，授丹朱以神权”。《竹书纪年》称丹朱为“帝丹朱”。《山海经・海内北经》称大禹治水时，曾建造有多座四方台形金字塔建筑物：“帝尧台、帝喾台、帝丹朱台、帝舜台，各二台，台四方，在昆仑东北。”《山海经・海内南经》称：“苍梧之山，帝舜葬于阳，帝丹朱葬于阴。”这几段记载都

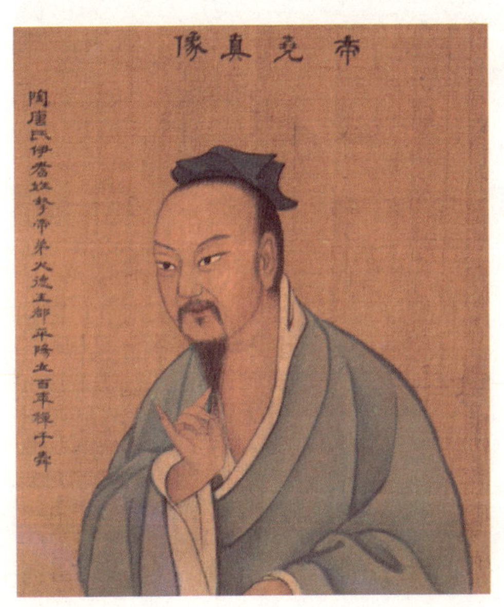

帝尧像

选自《历代帝王像》册　（清）姚文瀚　收藏于美国纽约大都会艺术博物馆

尧名放勋，帝喾次子，黄帝的五世孙。初封于陶，又封于唐，故号陶唐氏。其号曰尧，称唐尧，为上古时期的圣贤君王，史称『其仁如天，其知（智）如神。就之如日，望之如云。富而不骄，贵而不舒』。唐尧的部族活动于今河北省唐县至望都一带的滱沱河流域。后来因常受唐河、滱沱河水患侵害，唐尧便带领部族西进向高处迁徙，进入了今山西省境内，最后来到了汾河中游的河谷地带，即今太原盆地。后来唐尧的部族和太原先民共同创造了太原的龙山文化。其在位百年，有德政，做到了『九族既睦』。

任賢圖治

任贤图治

选自《帝鉴图说》法文外销画绘本

（明）佚名　收藏于法国国家图书馆

帝尧在位时，任用贤臣有羲氏兄弟二人以及和氏兄弟二人。帝尧着他四个人分别管理四时的农事。帝尧希望天下贤才都聚于朝堂之上，于是，四人举荐帝舜为相。

諫鼓謗木

谏鼓谤木

选自《帝鉴图说》法文外销画绘本（明）佚名 收藏于法国国家图书馆

帝尧在位时，广纳谏言，他在门外设下一面鼓，希望部下能击鼓谏言。他又担心自己处理政务时有误差而不自知，便又设下一木柱，希望部下可以将他的不足或过失刻于木柱上。

把会下围棋的丹朱称为“帝丹朱”，可见丹朱虽然没有继帝位，但却因为围棋这件事享有了“帝”的称号，这些足以说明围棋在当时人们心里的位置是极其尊贵的。

还有一个民间传说，说丹朱是个非常淘气好玩的孩子，最喜欢和小伙伴玩打仗的游戏，一玩起来就没个够，还常常受伤。丹朱的胆子还出奇的大，整天东跑西颠，喜欢在山野咆哮的大水中嬉戏，喜欢看爆发的火山，望着火山口的红色火焰惊喜地大呼小叫。丹朱越玩心越野，越玩越没个分寸。尧帝看到儿子这样贪玩，不思进取，想他将来一定成不了才，感觉十分头疼。

尧帝思量着用一个什么办法才能把儿子好玩的心拴住。他琢磨了很久，也没想出妙招来。一天，他和族人一起围捕犀牛的时候，看见大山深处的一株古松下，有一对儿白胡子的老人在玩一种游戏，只见他们在一个用桑树劈成的方盘子上，摆弄着两色棋子，那棋子一种是黑色的犀牛角做的，另一种是白色的象牙块做的。尧觉得很好奇，细细一看，盘子上面还画着横竖交叉的线条，两个老人拿着犀牛角和象牙块轮流在线上的交叉点上走。他们玩得很投入，根本没有觉察到有人在看，尧看得也着迷了，觉得这是一种用心用脑的游戏，还能让人心静下来，正适合自己的儿子丹朱。

帝喾像

选自《历代帝王圣贤名臣大儒遗像》册（清）佚名 收藏于法国国家图书馆

帝喾，黄帝曾孙，上古部落首领。叔父颛顼死后继位，深受百姓爱戴，死后葬于高辛帝喾陵。后被列为『五帝』中的第三位帝王，是华夏民族的人文始祖之一，商、周两朝先祖。

尧回来后，仿照老人的游戏，先用木头做了一个方方正正的盘子，又

禹王治水

选自《帝王道统万年图》册 （明）仇英

收藏于中国台北『故宫博物院』

『玄圭告锡，声教旁行，八年于外，永赖平成。』上古时期，黄河流域洪水为患，他确立了一条与他父亲的『堵』相反的治水方针，叫作『导』，就是疏通河道，拓宽峡口，让洪水能更快地通过。

清代青玉《大禹治水图》山子
收藏于北京故宫博物院

把犀牛角和象牙块磨成许多圆圆的小饼子，然后把丹朱和他的小伙伴们叫到一起说："你们喜欢玩勇敢的打仗游戏，这很好，但是这种游戏太危险了，不小心还容易受伤。现在我教你们一种既安全又文明，不用拳不用脚的打仗游戏。"丹朱和小伙伴们听了非常高兴。尧帝把象牙棋子分给丹朱，自己拿着犀角棋子，然后教他把棋子放在盘子上边小方格的线上，对丹朱说："一个象牙块就是一个兵，你就是指挥官。咱们轮流在方格线上摆放，一次只许放一个，谁的兵能把对方的兵围住，被围住的棋子就被消灭掉了，必须把它拿走。"

丹朱第一次听说有这样的玩法，兴趣大增，就与尧帝在木盘上打起仗来。玩着玩着，丹朱发现自己的象牙饼子总是被犀角饼子消灭掉。心里很不服气，急得坐立不安，小伙伴们也替丹朱着急。尧帝笑着耐心地对丹朱说："你失败的原因是不爱动脑筋，这与战场打仗一样，必须排好兵、布好阵，否则是不能取胜的。你的兵老吃败仗说明你这个指挥官不合格，你没有指挥好他们。”

丹朱听了父亲的话，静下心来，仔细琢磨走的步子，居然赢了一小步。从那以后，丹朱渐渐爱上了这黑白棋子的游戏，一有空就找人来玩。他认真学习这种游戏的知识，经常对着方格棋盘聚精会神地思考，逐渐地由好动变得稳重，由粗鲁变得文明，由笨拙变得聪明。

丹朱长大后，因为长期冷静地钻研围棋，性格沉稳，做事胆大心细。他建立了让人敬仰的功业，被尊为“丹朱公”。丹朱公一开始被封于丹水，因其为尧帝长子，故那里至今仍有一个“长子县”。另外，该县的“丹朱镇”及“丹朱大道”也都与丹朱有关。

『鼻祖』弈秋

“尧造围棋”传说的成分还是多一些，我国史籍中对围棋最早的记载是在春秋时期，至今有二千六七百年的历史。有史料记载的我国第一位围棋手，叫作弈秋，史书中称其为“通国之善弈者”。弈秋具体的生活年代不详，从最早记载他事迹的《孟子》中，可以推测弈秋可能和孟子是同一时代人，大约是战国初期人，也可能要比这个时期早些。弈秋的“弈”字，在古代专指围棋，今天的意思已经起了变化，增加了动词的义项，意思是下棋。

弈秋从小酷爱与人弈棋，成年后游历各地，到当时的诸侯列国遍访名家高手，因此使他的棋艺越来越高超，被后人尊称为国手。明代冯元仲所著的《弈旦评》中甚至推崇他为围棋的“祖”。弈秋不仅棋艺高超，而且对围棋的理论也有贡献——“金角银边草肚皮”这句围棋格言就是他总结出来的。这句格言把围棋的基本路数总结了出来，从“金、银、草”三个字，就可以看出下围棋时占角的价值比占边大，占边的价值又比占中腹的价值大。这是由棋盘的特定结构决定的：占角时可以利用两条公共边，占边时只能利用一条公共边，而占腹地却没有公共边可利用。计算一下围起相同目数的地方，在角、边和中腹各需要多少子，可以清楚地知道三者价值的大小。

弈秋和围棋的缘分深厚，他的每一个故事都离不开围棋。相传弈秋下棋出名后，许多年轻人见他棋术高明，都想拜他为师。弈秋挑挑拣拣，收了两个聪明的学生。他开始授课时，发现一个学生诚心学艺，听课时从不敢怠慢，十分专心。而另一个学生大概只图弈秋的名气，虽拜在门

明代剔彩《仙弈图》漆盘
收藏于美国纽约大都会艺术博物馆
高3.5厘米，宽14.9厘米。

下，并不下功夫去学习。弈秋讲棋时，他心不在焉，眼睛不时瞟着窗外，只想着鸿鹄什么时候才能飞来，他好张弓搭箭一试身手。两个学生在同样的环境里学棋，拜同样的一个老师，因为用心程度的不同，前者学有所成，学得老师的精髓，后者未能领悟棋艺，连皮毛也是一知半解。

同样的道理，学棋要专心致志，下棋也要一心一意。有一日，弈秋和一位老友弈棋，两方战得正酣，一位吹笙的人从旁边路过。悠悠的笙乐，飘飘扬扬的，很美很动听，如同云中撒下的花瓣，散发着漫天的香气。弈

《群仙聚会图》卷（局部）

（清）禹之鼎 收藏于美国弗利尔美术馆

秋一时走了神，侧着身子倾心聆听这美妙的仙乐。此时，正是棋下到决定胜负的时候，笙突然不响了，吹笙人探身向弈秋请教围棋之道，弈秋竟不知如何对答。原来吹笙人也是个棋迷，看着他们下棋，连笙也不吹了。

在春秋战国时期出现弈秋这样的高手，说明我国围棋在当时已经达到一个较高的水平了。可以肯定，在当时围棋是一项相当普及的活动，像弈秋这样的国手也不仅仅只有一人，可惜的是他们没有像弈秋那样幸运地在历史的长河中留下自己的名字。

孟子的围棋观

战国时期是中国古代思想文化发展的黄金时代，这一时期，诸子百家各执己见，到处游说，出现了“百家争鸣”的空前繁荣局面。围棋在当时也十分流行，经常在诸子的言论中出现。这些言论或褒或贬，或以围棋为例引经据典，或直接论述围棋，其中有些论点，对围棋的发展和研究有着很重要的价值。

春秋战国时期的士大夫阶层最初是瞧不起围棋的。孔子在他的《论语》里对围棋进行了批评，他说下围棋的人都是些饱食终日、懒散无心的人。这些人没有思想，没有头脑，永远也不会成为贤人达士。孔子认为围棋是无聊消遣的玩物，除了玩，没有任何有用的价值。孔子的话，在当时影响深远，人们批评围棋时，总是引用孔子的话。孔子之后，另一位儒家大师孟子继承了孔子对围棋的认识评价，并使之得到了进一步的发展。

孟子生活在百家争鸣的战国时代，他继承和发展了孔子的思想，提出了一套完整的思想体系。孟子的思想对后世产生了极大的影响，被尊奉为仅次于孔子的“亚圣”。

孟子继承和发展了孔子的“仁学”思想，主张君王须以仁政服众，用礼义来治国，这样便可以实现王道乐土。他把“亲亲”“长长”“仁”的原则运用于政治，劝说君王以博大宽厚的胸怀来爱护他的民众，认为这样便可以缓和社会矛盾，维护统治阶级的长远利益。孟子宣扬性善，反对急功近利，反对不义的战争。他把伦理道德和政治统治紧密结合

《孟母教子图》

（清）康涛 收藏于北京故宫博物院

《三字经》中的『昔孟母，择邻处，子不学，断机杼』讲的就是图中的故事。其大意为，孟子的母亲为了使孟子有个好的学习环境，曾三次搬家。一次，孟子逃学，孟母就割断织机上的布来告诫孟子，读书不能半途而废。

起来，强调道德修养是搞好政治的根本。他说：“天下之本在国，国之本在家，家之本在身。”后来《大学》提出的“修齐治平”就是根据孟子的这种思想发展而来的。

孟子师承孔子之孙子思，在对待围棋方面和孔子的见解也是一样的。他曾说，下围棋的人嗜好饮酒，甚至能够不顾父母养育之恩，是不尽孝敬之义。他对下棋的鄙视比孔子更厉害，居然把下围棋算作“五不孝”之一。不过作为一代思想大师，孟子和孔子的看法还是有些出入的，他并不狭隘地认为下围棋是“无所用心”。《孟子》里有这么一段话：“学习围棋如果不专心于自己立足的一方并致力于攻克对方，就不能领会围棋的精髓。”这里，孟子不仅承认围棋是门深奥的艺术，必须专心致志才能学会，同时又指出这种奥秘是可以通过学习掌握的。当时提出这种观点是很有意义的，既指出其短，也赞其所长，可见孟子不愧为一代思想名家。

历史的脚步是不断前进的。在以后的岁月里，围棋的地位逐渐得到了提高，这是孔子和孟子都没想到的。《关尹子》里指出：“射箭、驾车、操琴、学棋，没有一件事是能够轻而易举学会的。”从这里可以看出，围棋的地位后来已经提高到与射箭、驾车、操琴拥有同样重要的地位了。围棋地位提高了，研究围棋的名人雅士也就多起来，下棋的某些规律也慢慢被总结出来。《尹文子》一书中写道：“像围棋这样以智力取胜的游戏，进与退，取与舍，攻与守，纵与收，主动权都在我。”在当时有限的历史条件下，尹文子能够提出“主动权”这么深刻的问题，可想当时古人的论辩能力是很强的。

有些史学家私下认为孔子也可能是个围棋高手，因为孔子提倡博学，他的言论中提到学习“六艺”的内容很多，他连驾车都要学习一下，何况是被士大夫们推崇的高雅的围棋游戏？当然，这些只是后人的猜测，真实的情况只能让我们去遐想了。

《孔子像图》

（南宋）马远　收藏于北京故宫博物院

孔子是中国春秋时期著名的政治家、思想家、教育家，也是儒家学说的创始人，他的『仁义』『德治』和『君以民为体』等儒学思想对人们影响至深。

孟子像

选自《历代帝王圣贤名臣大儒遗像》册

（清）佚名　收藏于法国国家图书馆

周昉字景元京兆人嘗寫仲尼問禮圖及行化老君像此圖渾朴古厚衣紋如鐵線大似王摩詰伏生授經圖

唐周昉老子玩琴圖

《老子玩琴图》

（唐）周昉　收藏于美国弗利尔美术馆

36厘米×55.5厘米。

汉宫中的黑白子

作为一种高雅的游戏，围棋在汉代的皇宫中也盛行。据《西京杂记》载："戚夫人侍高帝，于八月四日出雕房北户竹下围棋。"晋代干宝的《搜神记》也载："汉宫内八月四日出雕房北户竹下围棋，胜者终年有福，负者终年疾病，取丝缕就北辰星求长命乃免。"两份史料中，均没有提及刘邦与宠妃戚夫人为什么选择在八月四日这天下棋。但那时迷信思想浓重，想来这个日子必定也是吉时，也可能正因如此史家才将其记录下来。当然也有可能纯属刘邦的个人喜好。但无论从哪方面说，围棋在汉初已经开始流行。

比起史料不起眼的记述，围棋更像一个引子。黑白棋子可以说是深陷汉宫腥风血雨中人物的隐喻。

吕雉是棋盘上绝对的黑子。现在人们提起她，最先想到的也是她为了一己之私而什么都不顾的阴险毒辣手段。不过，如果追溯吕雉的往昔，其实没有做皇后的时候，她可以称得上一个贤惠的女人。她嫁给刘邦时，刘邦不过是沛县的泗水亭长，还每天游手好闲，以下棋赌博为乐，哪里像个正经人样子。就拿刘邦拜见吕父时的无赖把戏来说，也完全不合乎礼数。当时吕家为躲避仇家刚迁居沛县，吕公与沛县县令关系很好，官员们为讨好上司，也都纷纷前去祝贺，热闹非凡，贺礼都排到了大门外。负责排定宾客座次的主使萧何，把贺礼不到一千钱的宾客都安排在了堂下。刘邦厚着脸皮，虚报“贺钱一万”，其实身无分文。吕公听说有人给他送这么大的贺礼，赶紧出门相迎。萧何告诉吕公，刘邦只会说大话，没什么本事。但吕公看到有帝王之相的刘邦后，不但没有责怪，还引刘邦至堂上坐，后来又把吕雉嫁给了刘邦。嫁给刘邦后，吕雉大多时候都是留在沛县，照顾家里上下，没少吃苦头，甚至被项羽抓去做人质时，还有过性命危险。但这些吕雉都没有怪罪刘邦，足可以看出她是个深明事理的人。吕雉的“黑化”要从变成吕后开始。早些年，刘邦征战在外，随军帐幕里的女人，她看不见也倒无所谓。可是，刘邦得了天下，他们相聚以后，她就不能对刘邦的妃子们视而不见了。其中，最受刘邦宠幸的是戚夫人，她身形窈窕修长，气质高贵，喜好围棋，正投刘邦所好。加上刘邦时常以吕雉生的刘盈懦弱平庸为借口想要废其太子之位，立戚夫人所生的赵王刘如意为太子，从而，嫉妒与权欲之火在吕后胸中越烧越旺，达到了不可扑灭的地步。

为了巩固自己儿子刘盈的太子之位，吕后求计于张良。张良让吕后亲自去请“商山四皓”给太子刘盈当老师。“商山四皓”都是秦始皇时的博士官，分别为东园公唐秉、夏黄公崔广、绮里季吴实、角（lù）里先生周术，他们学识渊博，为躲避祸乱先后到商山隐居。商山四皓也喜好下棋，还有他们在橘子中下棋的传说故事。刘邦得天下后，听从谋士建议，广揽人才，曾请他们出来辅助自己治理国家。但他们听说刘邦不重视儒生，浑身流氓痞性后，始终不肯答应。但经过张良的穿针引线，刘邦都没有请动的“商山四皓”被太子刘盈和吕后的诚心感动，答应出山，做太子的宾客。经过这四位长者的教导，刘盈的修养和见识大有长进。有一天，刘邦与太子一起饮宴，他见太子背后有四位白发苍苍的老人，问后才知是“商山四皓”。四皓上前谢罪道：“我们听说太子是个仁人志士，又有孝心，礼贤下士，就一齐来做太子的宾客。”刘邦知道大家很同情太子，又见太子有四位大贤辅佐，就消除了改立赵王刘如意为太子的念头。

后来，淮南王黥布起兵反叛大汉，刘邦不得不扶病出征。他很快就平定了叛乱。但不幸的是在战斗中刘邦被飞来的流矢射中，伤口溃烂，

刘邦像

选自《历代帝王圣贤名臣大儒遗像》册（清）佚名 收藏于法国国家图书馆

汉朝的开国皇帝。秦末起义，在项羽的『鸿门宴』中被封为汉王，分封巴蜀一带。后在楚汉大战中战胜项羽，统一了天下，定都长安，史称西汉。

汉文帝像

选自《历代帝王圣贤名臣大儒遗像》册（清）佚名 收藏于法国国家图书馆

汉文帝刘恒是汉高祖刘邦第四子，汉惠帝刘盈之弟。汉文帝即位后，励精图治，与其子汉景帝统治时期被后世合称为文景之治。

《四皓》轴

（明）谢时臣　收藏于中国台北「故宫博物院」

萧何像

[日] 佚名　收藏于美国洛杉矶县立艺术博物馆

西汉初期宰相，西汉开国元老，史称『萧相国』。秦末时辅佐刘邦起义，后来刘邦、项羽的楚汉大战，对刘邦最终战胜项羽起了重要作用。他对韩信有知遇之恩，刘邦也是在萧何的推荐下才开始重用韩信。『成也萧何，败也萧何』，讲的就是韩信成名出于萧何，最后被杀也是萧何出的计谋。

拖了三个月后就驾崩了。刘邦重病时，吕后生怕太子之位有变，曾试探过政权的继承问题。她问病中的刘邦，萧何之后谁为宰相，刘邦告诉她用曹参；她又问曹参之后谁又为宰相，刘邦告诉她，用周勃、陈平；吕后还要问时，刘邦不耐烦地说，那已不关你什么事了。一代霸主就这样去了。

刘邦死后，十七岁的太子刘盈如愿即位。吕后把一切权柄都操在自己的手中。为了报当年失宠之怨，她先幽禁了戚夫人，再遣使把赵王刘如意从邯郸召进京内。太子不忍看到手足相残，极力袒护这个异母弟弟，结果如意仍被吕后毒杀。杀红了眼的吕后，对于眼中钉、肉中刺似的戚夫人，更是咬牙切齿地恨。吕后恨她以下围棋得到刘邦的宠爱，就先把她的双手砍掉，但还是不解心头之恨，又把戚夫人的双眼挖去，耳朵烧坏，灌上哑药，丢进厕所里，让她辗转哀号，成为“人彘”。

吕后已经残忍到了极致。她还特地要她的儿子刘盈去看戚夫人的惨状，当刘盈得知“人彘”就是戚姬时，大惊失色，泪流满面，喃喃说道：“太残忍啦！这哪里是人做的事，太后如此，我还凭什么治理天下？！”他受不住惊吓，大病数年。刘盈自己柔弱，又看不惯吕后的残暴，就天天借酒浇愁，不理朝政。

刘盈在病病歪歪中当了七年傀儡皇帝后，郁郁寡欢，不幸病死。吕后为了继续执政，选后宫美人所生的刘恭继位为少帝，后因刘恭年幼口无遮拦，触犯了吕后的忌讳，四年后被幽杀，另立刘弘为帝。此时的吕后为了稳住自己的权力，杀人无数，积怨累累。又过了四年，吕后病重，可她仍然不肯放弃权柄。这时刘家子孙和周勃、陈平等一班元老重臣先发制人，发动兵变，铲除了吕后的朋党，吕后也在惊吓中死去。吕后死后，汉朝的元老重臣推立薄姬的儿子代王刘恒为帝。刘恒即历史上著名的汉文帝，他开启了“文景之治”的盛世。

站在历史的高台上看，黑子化身的吕后在汉初政治的棋盘上掀起的斗争不过昙花一现。但如果细究起来，古代皇家内部的权力斗争又何尝不是一场对弈游戏呢？而且随着围棋不断发展，夺权游戏中对其技艺的运用也将越发娴熟。

《四皓图》卷

（五代南唐）王齐翰

收藏于美国纽约大都会艺术博物馆

秦末高士东园公唐秉、夏黄公崔广、绮里季吴实、甪里先生周术四人避乱隐居商山。“商山四皓”出自《史记》，秦末暴政，遂隐于商山。后人用“商山四皓”泛指有名望的隐士。

班固与《弈旨》

东汉初期，社会生产空前繁荣。物质的丰富带动了文化的兴盛，围棋也得到了进一步的发展。这个时期出现了一些有关围棋的专著，其中最早的是东汉著名史学家班固的《弈旨》。

班固字孟坚，扶风安陵（今陕西省咸阳市东）人，东汉著名史学家、文学家。班固的父亲班彪是东汉初年著名的史学家，班彪作《后传》六十五篇，他所著赋、论、书、记、奏等多篇传于后世。班固家学深厚，造诣颇深。他自幼博学多才，天分极高，聪明懂事，最喜欢下围棋。班固九岁就能吟诗作文，十六岁被举荐进洛阳的太学。在那里他如鱼得水，广泛涉猎群经，遍览百家之书。他性格温和，为人谦逊，经常以棋会友，颇受当时学者钦佩。明帝永平元年（公元58年），班固回到洛阳，继

班固像

［日］佚名　收藏于美国洛杉矶县立艺术博物馆

《奕棋岩》

（清）董邦达 收藏于中国台北『故宫博物院』

奕棋岩位于台州市黄岩山，据传东汉仙人王方平曾在此岩石上下棋。

续其父班彪未竟之业，开始续写《汉书》。他闭门谢客，一心著书五年。谁知天有不测风云，班固因著书遭人陷害，被人告发，说他私改国史，皇帝不明真相，将班固下狱。班固蒙冤入狱，其弟班超上书据理辩白才得释放。出狱后，班固因祸得福，受到重用，被明帝召为兰台令史。一年后，升迁为郎，典校秘书，令其继续编著《汉书》。他在编著《汉书》的空闲时候，也不忘记下围棋，常与人因为下围棋争论。每次下棋输了，班固就会依据赢家的要求，写一篇辞赋出来，当然是一些与围棋无关的辞赋，其中的代表作是《两都赋》。

班固对围棋最大的贡献就是以一个史学家的身份写了《弈旨》，这篇文章后来被列为关于围棋“五赋三论”的“三论”之首，影响深远，为后人学习围棋奠定了基础。

汉代彩绘陶六博具（附骨制棋子）

收藏于美国纽约大都会艺术博物馆

『六博』是汉代的一种棋类游戏，行棋方法分为『大博』和『小博』两种。

东汉棋手
收藏于美国纽约大都会艺术博物馆
20.1厘米×15.0厘米×9.0厘米。

班固认为“夫博愚于投不专在行，优者有不遇，劣者有侥幸”。赌博的人要靠运气，偶然性很大。“致于弈则不然，高下相推，人有等级。”品评高下，有一定的常规与一定的标准，“循名责实”，“考功黜陟”，可以通过下棋评价一个人的智、愚与应变能力，比较出高下来。下棋比赌博更高深，具体的下棋方法有“虚设豫置，以自卫护王”“提防周起，障塞满决”“一孔有阙，坏颓不振”“一棋破窒，亡地复还”“作伏设诈，突围棋行”“要厄相劫，割地取偿”“因本自广，敌人恐惧，三分有二，释而不诛”“保角依旁，却自补续，虽败不亡”，等等。

班固认为下棋远优于赌博，“精其理者，足以大裨圣教”。班固对围棋棋理做出了全面而深刻的解释。

汉和帝永元元年（公元89年），当时掌权的外戚窦宪领兵出击匈奴，用班固为中护军。不久，窦宪失势自杀，班固也受到牵连，下狱而死，时年六十一岁。班固用了三十多年的时间，写成了《汉书》的大部分篇章，死时尚有部分未及完成，和帝命其妹班昭补作。

班固有个学生叫马融，是儒学大家，也写了一篇《围棋赋》，对围棋的论述形象而精辟。他把围棋的胜负策略，比喻成像头发那样细微；把黑白双方的布局，比喻成像麻一样错综复杂。他认为，攻守各有法则，守要坚固，攻则应前后呼应、上下联络，不能“唐突”，否则敌军将深入自方，杀子占地，自己的棋子就会处于上下离异、四面隔绝、围包不住的状态之中，这就很危险了。

第二章 三国的棋风

孙策的棋局

到了三国时，围棋出现了一个大发展的局面，一大批优秀的棋手纷纷涌现，精彩的对局往往为人们乐道。爱好围棋的人还开始有意识地对下过的棋局认真琢磨，并把这些精妙的对局记录成册，合成集子，流传下来，就成为后来的棋谱。在隋唐之前的敦煌本《棋经》中两次提到的"吴图二十四盘"，指的就是吴国流传下来的棋谱。唐代大诗人杜牧也有"一灯明暗复吴图"的优美诗句，可见三国时吴国棋谱影响之深远。

围棋的棋盘最初横、竖都是十六道线，这种十六道线的棋盘保持了相当长的时间。到了汉魏三国时，高手云集，围棋呈现出了空前繁盛的发展局面。这时的围棋高手已经不满足十六道棋盘，创制出了比之更大的棋盘。我们现在所使用的横、竖都是十九道线共三百六十一点的棋盘出现于何时，由于没有详细的资料记载，所以至今还没有一个统一的说法。《孙子算经》有载："今有棋局方十九道，问用棋几何？答曰：

三百六十一。术曰：置十九道，自相来之，即得。”这似乎是对棋盘十九道线的一个说明，可问题是《孙子算经》到底作于何时何代，历来看法有分歧。清代朱彝尊认为是春秋时孙武所著，清代的阮元则认为《孙子算经》是周朝时期的著作。但因《汉书·艺文志》未录，只有《隋书·经籍志》上才有记载，因此也不能证明他们谁的说法是对的。后还有人认为《孙子算经》是两晋或南北朝时的著作。近人又考据论证，认为它可能是东汉时的著作——如果此推断不错，那就是说，东汉时的围棋盘已是纵横十九道了。

三国名人中与围棋结缘的很多，其中以孙策与吕范对弈的故事最为知名，他们的交往可谓“棋逢敌手，将遇良才”。

宋代玉版松下弈棋图

收藏于中国台北『故宫博物院』

两人在松下对弈的场景，其中一人身边还有一侍女服侍。

周瑜像

选自《古圣贤像传略》清刊本 （清）顾沅/辑录，（清）孔莲卿/绘

三国时期吴国大将，字公瑾，庐江舒县（今安徽省舒城）人。少时与孙策成为朋友，后协助孙策建立孙氏政权。孙策死后，辅佐孙权。建安十三年（公元208年），他和鲁肃率军与刘备联合胜曹军于赤壁。

孙策，字伯符，人称“孙郎”，父亲是破虏将军孙坚。孙策从小酷爱下棋，身边同龄人都不是他的对手。十余岁时，孙策就已经是当地有名的围棋高手，与志同道合的围棋高手周瑜称兄道弟。少年时他们经常一起边下棋边纵论天下大事。后来他们还分别娶了大乔、小乔为妻。

吕范是孙策的心腹，也是围棋高手，他们经常一起下棋。吕范看到孙策日理万机，有一次下棋时提出想帮帮他。孙策很感动，但不忍心加重他的负担，只好笑着推脱。吕范二话不说，回去当即脱掉外衣，换上骑兵将领服装，手提马鞭来到孙策军中。孙策看到吕范如此为己分忧，随即重用他，让他执掌军中诸务。吕范也加意留心，整顿纲纪，军令威严，面貌焕然一新。

建安二年（公元197年）夏，曹操派议郎王浦携带汉献帝的诏书给孙策，任命他为骑都尉，袭父爵为乌程侯，兼任会稽太守，并命他与吕布、陈瑀等一起讨伐袁术。孙策觉得让自己统领兵马，却只给个骑都尉的职务，太小看自己的能力，就托辞拒绝了。晚上，孙策和吕范一起下棋时，孙策把这件事说了出来，吕范对着棋盘的一个角思忖良久，终于手起子落，同时也为孙策想出了一个两全其美的好法子。孙策依计而行，果然不久，王浦即以皇帝的名义宣布孙策权代明汉将军。

孙策按诏书要求，整顿兵马，要去与吕布、陈瑀会面。走的当夜又与吕范彻夜对弈，边下棋边和吕范分析当时的局势。吕范让孙策小心陈瑀这个人，孙策一愣，吕范便把种种不利之处指了出来，使得孙策当即做出防范的准备。当他率军走到钱塘时，情况果然发生了变化。原来陈瑀要乘机夺取孙策的地盘。他派人秘密渡江，拿着三十多个印信给各地散寇及诸县主官，让他们做内应，等孙策的部队一开走，马上攻取他的郡县。孙策发现陈瑀真有阴谋，大怒之下，派吕范、徐逸统兵直扑海西，大破陈瑀，俘获他的将士、妻儿等共四千多人。陈瑀逃奔袁绍。

建安五年（公元 200 年）四月的一天，孙策和吕范又在棋盘上厮杀起来，孙策小赢三目，心里十分高兴。高兴之余，他让吕范随同他一起出去打猎。他骑的是上等精骏宝马，驱驰逐鹿，跟随的吕范根本赶不上。正当他快如疾风地奔驰时，从草丛中突然跃出三人，弯弓搭箭，向他射来。孙策在马上来不及躲避，面颊中箭倒地。这时，后面的吕范赶到，将三个人杀死，但已经迟了。

孙策中箭，巨痛难忍。他自知不久于人世，便请来张昭等人，托以后事。他说："中国方乱，夫以吴、越之众，三江之固，足以观成败。公等善相吾弟。"接着，叫来孙权，给他佩上印绶，说："举江东之众，决机于两陈之间，与天下争衡，卿不如我。举贤任能，各尽其心，以保江东，我不如卿。"

孙策又叫来棋友吕范，说咱们再下上一盘吧，吕范看着孙策疼成那样还要下棋，眼含热泪，拈起一枚棋子。事后，吕范为了纪念孙策，就

吴主孙权像

选自《历代帝王图》卷 （唐）阎立本／原作 此为摹本 收藏于美国波士顿博物馆

孙权被魏文帝封为吴王，建吴国。黄龙元年（公元229年），孙权称帝。

把这局棋仔细地记了下来。

当天夜里，孙策去世，时年二十六岁。

孙策与吕范留下的棋谱，叫《孙策诏吕范弈棋局面》。这一棋局见于后人李逸民编的《忘忧清乐集》，多年来影响深广。《孙策诏吕范弈棋局面》共43手，白先黑后，盘面上双方各有两枚“座子”处于对角星位，最终胜负未分。在很多年里它都被认为是世界上最古老的棋谱。但因为这局棋是在纵横十九道的棋盘上展开的，和三国时普遍记载的棋盘形式相违，因此从清朝人钱大昕开始，学界对它的真实性发生了疑问，百余年来争论不休。

曹操与孔融

《后汉书·孔融传》记载："……（孔融）下狱弃市。时年五十六。妻子皆被诛。初，女年七岁，男年九岁，以其幼弱得全，寄它舍。二子方弈棋，融被收而不动。左右曰：'父执而不起，何也？'答曰：'安有巢毁而卵不破乎！'主人有遗肉汁，男渴而饮之。女曰：'今日之祸，岂得久活，何赖知肉味乎？'兄号泣而止。或言于曹操，遂尽杀之。及收至，谓兄曰：'若死者有知，得见父母，岂非至愿！'乃延颈就刑，颜色不变，莫不伤之。"这便是"覆巢之下无完卵"的由来，曹操与孔融恩怨纠葛的悲剧收场令人唏嘘。曹操与孔融同为当时懂棋之人，且交集很多，可能也对局过。但曹操与孔融政见多有不合，甚至说完全相悖，想必他们的对局棋逢对手的时候很少，更多的是不欢而散吧！

曹操酷爱围棋，闲暇时总找人切磋。裴松之注《三国志·魏书·武帝纪》引西晋张华《博物志》载："冯翊、山子道、王九真、郭凯等善

曹操脸谱

选自《百幅京剧人物图》册 （清）佚名 收藏于美国纽约大都会艺术博物馆

曹操（155—220年），字孟德，东汉末年权臣，手握重权，以汉天子的名义，四处征战，统一了北方地区，为后面曹魏政权打下了基础。去世后谥号为武王。

围棋，太祖皆与埒（liè）能（指能力相当）。”冯翊、山子道、王九真、郭凯都是当时有名的围棋高手，虽然他们有碍于曹操面子放水的嫌疑，但能与围棋高手“埒能”，可知曹操的围棋水平应该不会太差。当时有一个叫孔桂的人，棋艺不错，又很会拍曹操马屁，深得曹操厚爱，总是叫他跟在身边，陪自己下棋。

孔融才气逼人，为“建安七子”之首，他的棋艺如何史料记录很少，不过他在文章中曾经用过有关棋的话，他四岁让梨的故事所透露出来的智慧，更被后世活用在对局里，成为围棋的一个招式。孔融的棋品和人品一样，真诚而耿直，又重情重义。他与当时的大学士蔡邕交情深厚，两人常边喝酒边下棋，以致蔡邕死后好多年，孔融仍念念不忘这位棋友。虎贲军中有个军士长得很像蔡邕，每当喝酒、下棋的时候，孔融都会叫那个军士坐在自己身边同饮，在棋盘上每落一子，还要扭过头去问一下这个军士，似乎是老朋友蔡邕就在身边。

曹操杀孔融的渊源很深。建安五年（公元 200 年），官渡大战前夕，孔融害怕老百姓陷入战祸，坚决反对。曹操虽然不满，但在行军途中，还是让大军不要践踏庄稼。后来，曹操大败袁绍，攻入邺城，袁绍家的妇人女子多被掳掠。曹操的儿子曹丕私下纳了袁熙的妻子甄氏。孔融就给曹操去信："武王伐纣，以妲己赐周公。"曹操不明白什么意思，问

孔融像

选自《古圣贤像传略》清刊本 （清）顾沅／辑录，（清）孔莲卿／绘

孔融，字文举，鲁国（今山东省曲阜）人。东汉末年文学家，『建安七子』之一，亦是孔子的第 19 世孙。

蔡邕像

选自《古圣贤像传略》清刊本 （清）顾沅／辑录，（清）孔莲卿／绘

蔡邕，字伯喈，东汉时期著名文学家、书法家，蔡文姬之父。『初为司徒桥玄属官，出补河平长，后召任郎中，校书于东观，迁为议郎。』后遭诬陷被流放。董卓专权后，被强招为左中郎将，人称『蔡中郎』。董卓死后，被王允捕捉入狱，死于狱中。

《松下儒讲图》（册页）

（元）佚名　收藏于美国明尼阿波利斯博物馆

画面描绘的是在郊外，一位儒家学者卧坐于松树下，等待童子研好墨，准备写字的景象。画中儒者身旁还摆了书籍、花瓶和香炉等。

周武王像

选自《历代帝王真像》（清）姚文瀚　收藏于美国纽约大都会艺术博物馆

周武王，周文王次子，姬姓，名发。在伐纣过程中，周文王去世，王位由姬发继承。周武王任用贤臣太公望、周公旦等人，国家日渐富强。最后，武王联合各族，攻打商都朝歌。商败，纣王自焚，商灭亡，周王朝由此建立。

周公像

选自《历代帝王圣贤名臣大儒遗像》册（清）佚名　收藏于法国国家图书馆

周公，姬姓，名旦，周武王姬发的弟弟，创立了礼乐制度。周公是西周初期杰出的政治家、军事家。他创建了以宗法血缘为纽带的宗法制，这一制度的形成对后世中国封建社会产生了极大的影响，奠定了周朝几百年的统治基础。

孔融出自什么典故。谁知，孔融竟以“以今度之，想当然耳”来回答，曹操才知被戏弄了，很是生气。

建安十二年（公元 207 年），曹操讨伐乌桓，孔融又说：“大将军远征，萧条海外。昔肃慎不贡楛矢，丁零盗苏武牛羊，可并案也。”这是嘲笑他，乌桓不过是草芥小患，不值得兴师北伐。当时他劝谏曹操不要在军中禁酒的信中，也多有侮慢之辞。曹操奸雄本质渐渐显露后，孔融越发不能忍受，常常触怒曹操。曹操害怕他的言论阻拦自己统一天下的大业，但因为孔融是当时儒学的代表，名扬天下，只能表面上装作容忍。后来山阳人郗虑揣摩曹操的心事，以蔑视国法为由奏免孔融。于是曹操指使人枉奏孔融以“招合徒众”“欲图不轨”“谤讪朝廷”“不遵朝仪”等罪名，将孔融处死。

曹操曾经评价孔融：“世人多采其虚名，少于核实，见融浮艳，好作变异，眩其诳诈，不复察其乱俗也。”可见，曹操是看不上孔融的。他们两人的围棋对局，必定是“每子必争”的残酷场面。这也正合乎两人的本性。

顾雍的风度

顾雍，字符叹，吴郡吴县（今江苏苏州）人，是三国时期很有影响力的一位政治家。顾雍是当时东吴的重臣，在孙权称帝期间，忠心耿耿，为东吴的大业出谋出力。顾雍最大的嗜好是下围棋，他把围棋当作一生的朋友，闲暇之时便找人对弈。

顾雍小时候曾拜蔡邕为师，学习弹琴和书法。他才思敏捷，心静专一，艺业日进，深受蔡邕喜爱。当时的顾家在吴郡也称得上是名门望族，顾雍出身于这样显赫的门第，再加上自己的才气和人品，深得时人的推崇。因此在十几岁时，他便被郡吏表荐，推举为合肥（今安徽合肥）县令，后转为娄（今江苏昆山）、曲阿（今江苏丹徒）、上虞（浙江上虞）等地县令。孙权没有封王时，曾和顾雍一起被朝廷任命——孙权为会稽的太守，顾雍被委任为郡丞。后来，孙权受封为吴王后，十分看重顾雍的才德，多次将他提升。顾雍历任大理奉常、尚书和丞相之职，后被封为醴陵侯。

顾雍为官清廉，做事秉公正直，不为权势屈膝，虽然进谏时和颜悦色、不动怒容，但是绝对不会随声附合别人的意见以取悦他人。公孙渊背逆魏国投靠吴国后，顾雍同张昭一起竭力谏阻孙权大力封赏公孙渊，孙权不以为然，拂袖而去。顾雍追至宫中伏地叩首不起，继续进谏，“以死争之”。孙权看到他的额头都碰出血来，十分不忍，让左右扶他出宫休养，可他仍旧陈说不止。顾雍以国事为重，忠心辅政，深得孙权及朝臣的信任和敬重。

顾雍以棋养性，性情淡泊，把功名看得并不重。孙权受封为吴王后，对顾雍委以重任，将他连连升迁，但他从不把消息告诉家人属下，甚至于升任为丞相后，家人们也是最后得知，这让人惊叹不已。为了笼络人心，孙权把堂侄女下嫁给顾雍的外甥。举行婚宴那天，孙权请顾雍和他的长孙选曹尚书顾谭同去欢庆。谁料，顾谭酒后无德，大醉失态，说了些不知天高地厚的话，让一贯谦和的顾雍十分生气。顾雍厉声责骂顾谭：“你谦恭不足，日后必将毁我顾氏家族。”

人们常说，“棋品如人品”，从顾雍的为官为人就可看出他的人品和棋品。顾雍下围棋都是正招，一招一式有根有据、有板有眼。他所集成的棋谱，是初学者学习的好典范。他把下围棋当作一种修炼自己性格的工具，奇想不多，也鲜有强手和妙招，属于功夫型的棋手。顾雍率真的性格也得罪了一些当朝的权贵。当时吴王的第三子就十分反对下围棋，他认为下围棋没有什么益处，只会令人玩物丧志。大臣韦曜为了迎合三太子，还写了一篇专门论述下围棋无益的文章——《博弈论》，顾雍看了只是笑一笑，照旧和朋友下棋谈艺。顾雍的大儿子叫顾邵，娶的是孙权的侄女。顾雍本人是当朝的丞相，现在成为皇亲国戚，可谓位高权重，但顾雍从不以此得意洋洋，仍是那么谦和地为人做事。在他看来，下棋

《重屏会棋图》

（五代南唐）周文矩／原作　此为摹本　收藏于美国纽约大都会艺术博物馆

图中画的是南唐中主李璟和自己的三个弟弟一起下棋的情景。画中戴黑色高帽者为李璟，右侧是其三弟李景遂，下棋的是四弟李景达与五弟李景逖。

《荷亭弈钓仕女图》轴

（五代南唐）周文矩／原作　此为摹本　收藏于美国纽约大都会艺术博物馆

195.1 厘米 ×98 厘米。

和做人都要有个度，参悟了其中的道理，才会受益无穷。

顾邵当上驸马不久，受孙权重用，被派到豫章郡去当太守，由于公务繁重，不幸染病，因久治不愈，最终客死他乡。不幸的消息传回家时，顾雍正和手下的人在下棋，他看到送信的人满脸悲戚，又不是儿子的亲笔信，便知道儿子已经死了。不过顾雍的神色一点儿没变，眼睛仍旧盯着棋盘，琢磨着下一步怎么走。顾雍难道不是凡人，不懂失子之痛吗？不是的。顾雍作为一代英才，他的悲痛比一般人更为强烈，只不过他不想让大家都跟着一起悲痛罢了。当时他双手紧紧握在一起，指甲把手掌都刺破了，鲜血滴到了褥垫上，棋盘上也滴上了血，但他还是坚持把棋下完。等臣客告辞后，顾雍忍不住悲痛，捂住脸号啕大哭起来……从这里既可看出他的气度，也可看出围棋对他的修炼。

东吴赤乌六年（公元 243 年），顾雍不幸染上重病，是年十一月久治无效病故。顾雍病故后，全东吴的人感其德行，自愿为其穿素戴孝，孙权也着素装亲往吊唁，谥曰肃侯。他死后十多年即公元 258 年，景帝孙休下诏称“故丞相雍，至德忠贤，辅国以礼”，并以其次子承袭爵位为醴陵侯。吴国末年，陆凯称“汉有萧（何）、曹（参）之佐，先帝有顾（雍）、步（骘）之相”，能和汉萧何、曹参这些极其有名的历史人物相提并论，可见顾雍在当时人们心中的地位。

棋枰边的手术

关羽人称“美髯公”，据说他的这个美名还是当时的皇帝所赐。关羽幼年时勤奋好学，熟读《左传》，研读了历代兵法。中平元年（公元184年），少年义气的关羽在家乡犯事，逃亡到涿郡，在那里恰好遇到刘备在招兵买马，两人一见如故，越谈越投机。关羽觉得刘备是个干大事的人，便投到了刘备的旗下。刘备也是重义之人，当下便把他认作自家的兄弟。后来他随着刘备和张飞一起转战南北，参加数百次大小战斗，为建立蜀汉立下了汗马功劳。

建安十三年（公元208年），曹操发动赤壁之战，大败，锐气顿减。刘备则凭借关羽、张飞、赵云的鼎力相助，赶在东吴之前，收复了荆州诸郡，有了自己的地盘。刘备封关羽为襄阳太守、荡寇将军。建安十六年（公元211年），刘备听从军师的妙计，收复蜀地，从此有了魏、吴、

关羽像

（清）乾隆时期唐卡

关羽，字云长，东汉末年蜀国名将。东汉末年随刘备起兵。孙权派吕蒙攻取荆州，关羽兵败，与其子一起被杀害。关羽去世后，被民间尊称为『关公』。清代褒封为『忠义神武灵佑仁勇威显关圣大帝』，崇其为『武圣』，与『文圣』孔子齐名。

《赤壁图》

（金）武直元　收藏于中国台北「故宫博物院」

此图根据苏轼《赤壁赋》绘成，表现苏轼与朋友泛舟游赤壁的情景。画中有陡峭的山崖，浩荡的江水，苏轼与友人安坐于一叶小舟之上，谈笑风生，随江远去。

《后赤壁赋图》卷

（南宋）马和之　收藏于北京故宫博物院

此图据苏轼《后赤壁赋》内容创作。画面长江浩荡，远山飘渺，画面中心一只小舟顺流而过，苏轼与友人在舟内饮酒畅谈，江边一只仙鹤掠过。

雲機仙製

蜀鼎足之势。当时荆州是咽喉要地，诸葛亮不放心，便和关羽共守荆州，约一年后，诸葛亮等入蜀，独留关羽坐镇荆州。

东吴对于借出去的荆州一直念念不忘，总想找机会夺回。建安二十四年（公元219年），刘备称汉中王，任命关羽为前将军，假节钺（符节及斧钺，是古代出兵征讨时，天子授给大将以示威信的信物）。七月，有勇有谋的关羽一边应对来自东吴的威胁，一边率军攻打樊城的曹仁。他并不一味地强打硬攻，而是派人深入曹魏的占领地区策反，扰乱敌人后方，让他们自己先乱起来，他趁机夺取樊城。樊城频频告急，曹操派大将于禁、庞德来援，关羽借汉水水淹曹魏七军，生擒于禁，斩杀庞德，声名大振。

据说，关羽在攻打樊城时，被于禁射中了右臂，当时也没在意，只是敷了些金创药。谁知那是支毒箭，回来后伤口便开始肿胀流脓，整条胳膊肿得像根椽子，伤势十分严重。刘备心急如焚，忙派人去请名医华佗。关羽素来被人敬仰，华佗知道关羽受伤的消息后，急忙赶到军营。检查后，他对关羽说："要治好这伤也不难，只是将军要受些苦。这个苦，平常人是受不了的。要立一根坚固的柱子，柱子上钉个大环。然后把受伤的右臂伸进环中，用绳子绑好，让胳膊不要动弹。再用带子把眼睛蒙住，这样你自己就不会看见血腥的场面。我用尖刀割开皮肉，剔除腐肉，露出骨头，刮净淤积在骨头上的箭毒，敷上药物，缝好伤口，伤很快就会好起来。"关羽听后，毫无怯意，笑着告诉华佗不用那么麻烦，随意动刀即可。

关羽褪去上衣，伸出胳膊，让华佗现在就下刀刮毒。他又让人摆上棋盘，要和马良对弈。关羽手拈棋子，面不动容，不时走出妙招险招，同时不断高声谈笑，似乎不是在为他疗伤。华佗割开关羽右臂的皮肉，脓血立即涌了出来。华佗先用刀把那些已经腐坏的肉割除，再用刀刮

去骨上的毒，刀碰骨头发出窸窣之声，让旁边观看的人都脸色大变，不忍再看。关羽却若无其事，依然谈笑风声，棋招越走越猛。马良被他的镇定自若惊呆了，竟忘了走棋。关羽提醒了他几次，他才回过神来。一会儿，华佗治疗完毕，关羽把胳膊屈伸了几次，乐呵呵地说："没事了，感谢您，您真是一位神医！"华佗见过了各种各样的病人，但像关羽这样的勇士还从没见过，不由从心里佩服，此后，他见人就夸关羽下棋疗伤的神勇。

华佗像

（清）佚名　收藏于中国台北『故宫博物院』

华佗，东汉末年医学家，医术高超，精通内科、外科、妇科、儿科、针灸。首创『麻沸散』，用于术前麻醉。世界医学史上最早使用麻醉进行手术的大夫。

关羽的名气太大了，让人闻风丧胆，曹操甚至打算迁都以避开关羽的锋芒。司马懿给曹操出主意，让曹操联合孙权，从关羽背后袭击。曹操采用了此策。曹操的另一谋臣董昭又设计，要曹操把东吴的计划泄露出去，使吴蜀自相残杀。曹操依计而行，命人写成文字，用箭射到关羽营中。关羽的下属糜芳，私下里对关羽很不满，孙权派人来诱降，便投降了孙权。吴军和曹军相配合，前后夹击，蜀军溃败。关羽在撤退中，被吴军的一个小将马忠生擒，坚决不降，被东吴斩杀，死时约五十九岁。

从棋中悟道的诸葛亮

古往今来，围棋受军事的影响很深，历史上许多军事家、谋略家都深谙棋理弈道。三国时的政治家、军事家诸葛亮，年轻时隐居隆中，以琴、棋、书、画自娱，以棋陶冶性情，历练出治国安邦之才。诸葛亮不但善弈，而且能把围棋的原理运用到军事之上。他认为围棋中技术与战术的关系就像军事上的武器与谋略的关系一样，据说他使用过的“奇石阵”，就是感悟围棋之道创造出来的。

刘备第一次光顾茅庐请诸葛亮出山之时，在田畔边听到农夫放歌曰：“苍天如圆盖，陆地如棋局，世人黑白分，往来争荣辱。容者自安安，

《孔明出山图》

（明）佚名　收藏于上海博物馆

诸葛亮，字孔明，三国时期蜀汉丞相，著名政治家、军事家和文学家。刘备听闻诸葛亮的才能，三顾茅庐才见到他。诸葛亮足智多谋，助刘备在多次战役中取得胜利，亦在经济、政治方面多次献计。『木牛流马』『孔明灯』等都是诸葛亮的发明。他一生尽心尽忠，『鞠躬尽瘁，死而后已』。逝后，刘禅追谥其为忠武侯。

君臣鱼水

选自《帝鉴图说》法文外销画绘本 （明）佚名 收藏于法国国家图书馆

此画面描述的是刘备收得诸葛亮后，与他关系愈见密切，引起了关羽、张飞的不满。刘备却说，『我得先生，如鱼得水』。这个故事说明了刘备对人才的珍视。

君臣鱼水

辱者定碌碌，南阳有隐居，高眠卧不足。”歌词以棋理喻事理，意味无穷。刘备一问，方知是卧龙先生所作，觉得自己这回遇上贤士良才了，便不怕委屈，三顾茅庐请诸葛亮辅佐自己。

诸葛亮出山后，首先向刘备提出了先占据荆州、益州（今四川大部和湖北一部），再谋取西南各民族的支持，然后联合孙吴对抗曹魏，一统天下的奇思远见，这就是著名的“隆中对”。后来，刘备重用诸葛亮，根据他的策略，联合孙权进攻曹操，取得了赤壁之战的决定性胜利，并占领了荆、益两地，有了自己的领地。曹丕代汉称帝后，诸葛亮说服刘备称帝，建立蜀汉，同时诸葛亮被任命为蜀汉的丞相。

诸葛亮在蜀地任丞相二十七年，由于他喜欢下棋，所以后人都说是他将围棋带入蜀国，至今仍能在成都等地找到他下棋的遗迹。如宋代王应麟《玉海》云：“成都棋盘市，一曰南市……武侯陈营处也。”“武侯”指的就是诸葛亮，“武侯陈营处”就是诸葛亮军队驻扎的地方。诸葛亮认为围棋不仅仅是一种娱乐游戏，它还能开发人的智力，所以他不但自己在行军打仗时经常下棋，而且还有意识地在军中倡导围棋，以开启民智。

刘备去世时托孤于白帝城，后刘禅即位，诸葛亮受遗诏忠心耿耿辅佐后主，被封为武乡侯，领益州牧，主持军国大事。他在当丞相期间，以法治国，励精图治，执法严明，抑制豪强，任用贤臣，推行屯田政策。为了巩固蜀国大业，他平定了孟获的反叛，改善了民族关系。为了完成托孤之重望，他六出祁山以攻魏，力图收复中原，一统河山，可惜终未实现。建兴十二年（公元 234 年），诸葛亮在率兵北伐中病逝于五丈原（今陕西眉县西南）军中，年仅五十四岁。

诸葛亮不幸逝世的消息传到成都，官民无不动容，伤心不已。等蜀汉北伐大军回到成都后，后主刘禅痛哭流涕，亲自下诏祭奠诸葛亮：“惟

（局部）

《蓬莱仙弈图》

（明）冷谦　收藏于美国弗利尔美术馆

君体资文武，明睿笃诚，受遗托孤，匡辅朕躬，继绝兴微，志存靖乱；爰整六师，无岁不征，神武赫然，威镇八荒，将建殊功于季汉，参伊、周之巨勋。如何不吊，事临垂克，遘疾陨丧！朕用伤悼，肝心若裂。夫崇德序功，纪行命谥，所以光昭将来，刊载不朽。今使持节左中郎将杜琼，赠君丞相武乡侯印绶，谥君为忠武侯。魂而有灵，嘉兹宠荣。呜呼哀哉！呜呼哀哉！”

蜀汉景耀六年（公元 263 年）春，后主感念诸葛亮一生的忠义，下诏为诸葛亮立庙于沔阳。这一年秋，魏国的征西将军钟会征蜀，至汉川，祭奠了诸葛亮，并下令军中不得在诸葛亮墓地周围放牧樵采。由此可见诸葛亮做人的伟大，连敌军都敬重他三分。

棋高一着的陆逊

赤壁之战后，魏、蜀、吴三足鼎立大势已成。此时东吴实力最弱，正好比是下围棋陷入吃口的阶段。孙权是个围棋高手，自然懂得“死守不能自保”的道理，除了坚持赤壁之战以来联蜀抗魏的策略，他还想进行一些战略进攻。下棋如用兵，孙权看着眼前这盘大棋，不得其法。大都督陆逊适时地给孙权出了一条攻守兼备的妙计。于是，孙权决定举兵伐魏，攻打襄阳，以此扭转不利局势。陆逊是三国时期东吴名将，曾利用关羽傲慢的弱点巧夺了荆州，在夷陵之战中以火攻大败了刘备。

嘉禾三年（公元 234 年）二月，诸葛亮第五次北伐，遣使联合东吴协同攻魏。五月，孙权亲率大军十万进驻巢湖口，准备进攻合肥新城。他遣陆逊与诸葛瑾率万余人进至江夏、沔口，兵指襄阳。还遣将军孙韶、

魏文帝曹丕像

选自《历代帝王图》卷 （唐）阎立本/原作 此为摹本 收藏于美国波士顿博物馆

曹丕，曹操次子。曹操病死，丕袭魏王、丞相。次年他废掉汉献帝，自立为帝，国号魏，定都洛阳。

蜀主刘备像

选自《历代帝王图》卷 （唐）阎立本/原作 此为摹本 收藏于美国波士顿博物馆

刘备，三国中蜀国的建立者，是汉室的宗亲。

张承率万余人进抵淮河，准备进攻广陵、淮阴。

孙权与孙韶、张承两路兵马久攻不下，就撤兵了。而此时陆逊还在江夏，积极防备，正准备与魏军决战。陆逊派去给孙权送信的韩扁被魏军抓获，很可能泄露了军机。待知道此消息时，陆逊正和诸葛瑾下棋。诸葛瑾听到消息后，十分担忧，再也没有心思下棋，撂下棋子就回营房了。陆逊看着残局思考了大半天后，让人又把诸葛瑾找来。诸葛瑾以为他已经想好了退敌的策略，匆匆赶来，谁知陆逊闭口不谈退兵的事，只是摆好棋盘，重新让诸葛瑾与他下棋。诸葛瑾不明其意，又不敢违抗，只能愁容满面地坐下，反观陆逊却是淡然自若。诸葛瑾棋艺本来就不如陆逊，现在心神不宁，竟然平常招式都不会了，越下越乱，一味退守，才下了一会儿，棋子就没剩多少了。败局已定，诸葛瑾就又认输告辞而去，很快就带兵先撤回东吴了。陆逊则留守江夏，照常饮酒取乐、下棋射箭，毫无防备的样子。魏军细作观察后，觉得很可疑，便上报给了主帅。魏军主帅分析吴军将领如此镇定自若，必然有诈，便不敢轻举妄动了。之后，陆逊佯装进攻，虚晃一枪，便分多路退了兵。

陆逊这招类似于“空城计”的退军之策，真是“棋高一着”，吴军将士无不佩服他的胆识与谋略。

『棋圣』严子卿

三国时期，围棋在吴国非常流行，名家辈出。据晋代葛洪的《抱朴子》记载：“围棋莫与敌者，谓之棋圣，故严子卿、马绥明于今有棋圣之名焉。”其中，严子卿还与同时期擅长不同技艺的吴范、刘惇、赵达、皇象、曹不兴、宋寿和郑妪合称“东吴八绝”。在中国围棋史上，严子卿与马绥明两人是最早被冠以“棋圣”之名的。

严子卿出身贫寒，是一位从民间脱颖而出的围棋高手，因此也被尊为“地摊棋手”的楷模。严子卿小的时候，家徒四壁，父亲常年卧病，仅靠母亲给人洗衣、做针线活来维持生计，日子过得很拮据。正是长身体的时候，饥饿成了少年严子卿最大的敌人，他时常守在卖烧饼的人旁边，看着解馋。但穷归穷，严子卿却很有志气，从不会开口讨要。卖烧饼的人看他消瘦得只剩骨头，衣服到处是补丁但却很干净，很是可怜他，

卖主食的小贩

选自《清国京城市景风俗图》册　（清）佚名　收藏于法国国家图书馆

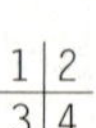

1. 卖烧饼

2. 卖烘饼

3. 卖馒头

4. 卖豆花

就给他烧饼吃，还好心地给他介绍一个卖杂货的独居老人，让他跟老人学点谋生的本事。

严子卿来到老人家里，先礼貌地给老人磕了三个响头，老人收留了他。老人年轻时走南闯北，四处漂泊，现在靠摆地摊生活，还摆了个棋摊子，时常拉人下棋解闷。严子卿很是勤快，每天端茶倒水，活儿都被他做了。老人很喜欢，见他对围棋也有兴趣，就想收他作关门弟子。谁知，他与严子卿才下过一局，就发现根本不是严子卿的对手。老人心里暗自称奇，严子卿竟然是个围棋奇才。此后，有棋客来下棋时，老人就让严子卿去下，大量的实战经历越发磨炼了严子卿的棋艺。严子卿很少败北，渐渐地出了名。很多围棋高手慕名而来，与他切磋棋艺。一些附庸风雅的富家子弟也请他到府上，跟他对弈学习，末了还不忘赏赐他钱财。有个非常喜欢围棋的财主甚至专门出钱把他请到家里陪自己下棋。严子卿得了钱财，也都不忘交给老人。

后来，严子卿已经可以靠下棋养活父母亲了，但对赏识他的老人依然没有怠慢，嘘寒问暖，甚于亲人。老人看他如此孝顺，很感动，在临终前，从箱子底下拿出一本关于棋艺的秘籍给他，并叮嘱他认真学习。

严子卿得了秘籍，整天潜心研究，发现竟是一本天下奇书，书中布局的论述、定式的变招、中盘的手筋、官子的巧妙等都独到精妙。严子卿的棋艺水平突飞猛进，不久即成为东吴的第一棋手。

棋盘中的杀戮

三国时期，曹魏朝廷中有过一场关于游猎与音乐相比哪个更重要的争论，从中可以窥见曹丕后来用围棋作道具设计害死曹彰的端倪。

建安二十五年（公元220年），曹操逝世，曹丕继任魏王。同年十月，曹丕以“禅让”方式逼汉献帝退位，自立为皇帝，史称魏文帝，改元黄初。曹丕是曹操次子，文武双全，八岁时就能出口成章、提笔成文，长大后骑马射箭样样精通，深为曹操喜爱。建安二十二年（公元217年），曹丕击败兄弟曹植，成为魏王世子，数年的嫡子之争落下帷幕，意气风发。称帝后，曹丕野心勃勃，先后两次亲自带兵征讨孙吴，只是因长江天险未能过江，无果而归。不过，因大权在握，他深藏在内心的骄纵姿态也慢慢开始显露。

曹丕称帝后，嬉戏娱乐变得频繁起来。侍中鲍勋经常劝阻，对他说：

“今之所急，唯在军农，宽惠百姓。台榭苑囿，宜以为后。”可曹丕根本不爱听这些话，照样我行我素。有一次，曹丕又准备外出游猎，鲍勋赶紧拦住他的车马，并上书说：“臣闻五帝三王，靡不明本立教，以孝治天下。陛下仁圣恻隐，有同古烈。臣冀当继踪前代，令万世可则也。如何在谅暗之中，修驰骋之事乎！臣冒死以闻，唯陛下察焉。”曹丕当着众人撕毁了鲍勋的奏折，下令继续出发。等到半路休息的时候，曹丕问身边的侍臣：“猎之为乐，何如八音也？”侍中刘晔回答说：“猎胜于乐。”鲍勋抗议说：“夫乐，上通神明，下和人理，隆治致化，万邦咸乂。移风易俗，莫善于乐。况猎，暴华盖于原野，伤生育之至理，栉风沐雨，不以时隙哉？昔鲁隐观渔于棠，《春秋》讥之。虽陛下以为务，愚臣所不愿也。”并上奏曹丕，刘晔佞谀不忠，阿顺奉承，请降他的罪。曹丕看了很生气，将鲍勋降职为右中郎将。

鲍勋劝谏曹丕游猎之事，有他刚正的一面。他提倡音乐的教化功能，也值得后人去思考。同为娱乐活动的围棋等，是不是也可以为统治者使用以教化百姓？从今天的眼光看，答案是明显的，围棋在开发人的智力方面有很好的作用。言归正传，曹丕作为曹操的儿子，棋艺自然也是精通的。相比曹操把棋艺用在军事上，曹丕则是把棋艺用在了政治权谋中，可谓阴招，曹彰的暴毙就与此有关。

曹丕称帝后，为了扫除一切威胁自己地位的人，不顾亲情，把弟弟曹彰和曹植都赶到他们自己的封地，派人监视，还让他们定期到都城洛阳朝觐。黄初二年（公元 221 年），任城王曹彰与鄄城王曹植被曹丕下令放还各自的封地，想到以后兄弟很难见面，他们两人打算一道回去。没想到曹丕知道这件事后，怀疑两人共同谋逆，对他们起了杀害之心。黄初四年（公元 223 年），在洛阳朝觐期间，曹彰就暴毙了。曹植也被曹丕刁难，据说《七步诗》就是这时候写的。关于曹彰的死，《三国志》

《猎骑图》轴

（元）佚名

收藏于中国台北『故宫博物院』

《辛毗引裾图》

（明）佚名　收藏于美国弗利尔美术馆

辛毗是三国时期曹丕的大臣。魏文帝曹丕想迁十万户将士家属来充实河南，而当时正值大旱，民不聊生。朝中百官都认为曹丕此时这样做非常不可取。可曹丕固执己见，坚决要迁。曹丕甩手要走的时候，辛毗一把抓住了他的衣角，与他据理抗争。曹丕无奈，退步妥协。

里只是“疾薨于邸”寥寥数语。但《世说新语》里却说：“魏文帝忌弟任城王骁壮，因在卞太后阁共围棋，并啖枣。文帝以毒置诸枣蒂中，自选可食者而进。王弗悟，遂杂进之。既中毒，太后索水救之。帝预敕左右毁瓶罐，太后徒跣趋井，无以汲。须臾，遂卒。”《世说新语》虽然不是正史，但历史学家经过考证，认为这一说法可信。

曹丕善文，诗赋华丽；曹彰尚武，能征善战。历史记载，他们两人常常在一起下棋。现在看来，不得不感叹，他们迥然不同的性格决定了各自在权欲棋盘上的不同命运，也让黑白分明的围棋盘沾上了几滴兄弟相残的血迹，令人感慨。

第三章 横行南北

爱棋的『竹林七贤』

三国魏正始年间（公元240—249年），嵇康、山涛、向秀、刘伶、阮籍、阮咸、王戎七人常在山阳县的竹林之下，喝酒纵歌，抚琴下棋，世人称之为“竹林七贤”。他们肆意酣畅的人生态度，给围棋增添了几分怡然的名士性情。

竹林七贤身处在魏晋易代之际，当时朝政混乱腐败，忠奸不分，贤能的人得不到重用不说，还有被各种势力拉拢进而陷入党争的危险。为了远离纷争，他们只得隐于山野，研究黄老之学，只是清谈，不问国事。长久栖居于乡间虽好，但他们非等闲之辈，内心岂能不挣扎？怎么办呢？当然是以琴棋书画、饮酒赋诗作乐，来暂时逃离苦闷的现实。

阮籍是酒徒，也是棋徒。嘉平六年（公元254年），大将军司马师废齐王曹芳，拥立高贵乡公曹髦为帝。司马昭为了巩固自己的势力，就想跟阮籍结为亲家，以此拉拢他。阮籍不愿为司马氏卖命，为了躲避这门亲事，天天喝得酩酊大醉、不醒人事，一连六十天。那个奉命前来提亲的人每次上门都看到他烂醉如泥，根本就没法开口，最后，只好回禀司马昭。司马昭无可奈何，只得作罢。阮籍的酒品很好，据说他家附近有一家小酒店，女店主很美，他经常去，喝醉了就酣睡，却丝毫没有越礼行为。阮籍爱下棋也到了痴狂的地步，母亲去世时，他正在外面下棋，棋友劝他赶紧回去，哪料他纹丝不动，坚持下完后，饮了三斗酒，放声大哭，口吐鲜血，几至昏厥。

清代竹林七贤鼻烟瓶
收藏于中国台北『故宫博物院』
竹制。

阮咸放任旷达，不拘礼节，经常与叔父阮籍纵情山水，喝酒下棋作乐。《世说新语》中提到，阮咸常与族人一起聚众饮酒，饮酒的器具不是普通的杯、盏，而是用大盆来盛酒，大家围坐在一起纵意狂饮。当时曾有

《竹林七贤图》卷

（清）禹之鼎

『竹林七贤』是指魏末晋初的七位名士：阮籍、嵇康、山涛、刘伶、阮咸、向秀、王戎。『竹林七贤』是玄学的代表人物，他们在生活上不拘礼法，清静无为，聚众在竹林喝酒、纵歌，偶尔还会写一些揭露和讽刺司马氏朝廷的作品。

一群猪也来喝盆中的酒，阮咸直接凑上去，与猪一道喝。

刘伶是好酒之徒，其酒量之大，举世无双，可称为中国古代的“醉星”，还喝出个“杜康造酒醉刘伶”的传说。

王戎是棋痴。据说，他小时候下围棋就已有了点名气，且爱棋如命，为了和人下棋可以几天忘了吃饭。

阮籍像

选自《古圣贤像传略》清刊本

（清）顾沅／辑录，（清）孔莲卿／绘

阮籍，三国时期魏国诗人，「竹林七贤」之一。在曹魏时短暂受征出仕，司马氏独揽大权后大肆杀戮异己，阮籍虽倾向曹魏皇室，但又无可奈何。此后远离朝政，终日寄情山水，他对于魏晋玄学的贡献是著有《达庄论》与《大人先生传》。

嵇康像

选自《古圣贤像传略》清刊本

（清）顾沅／辑录，（清）孔莲卿／绘

嵇康，三国时期魏国思想家、文学家、音乐家。官拜郎中，授中散大夫。司马氏掌权后隐居拒仕，后遭人陷害，被司马昭处死。他是「竹林七贤」的精神领袖，主张「越名教而任自然」「审贵贱而通物情」。他的遭遇、事迹以及他的玄学思想对后世的时代风气和价值观产生了深远影响。

名相王导

曹魏末年，朝中政权一直被司马家族所控制，司马懿、司马师、司马昭都担任了要职。魏咸熙二年（公元 265 年），司马昭的儿子司马炎成为相国、晋王。同年十二月，他代魏称帝，建立晋朝。

司马炎建立晋朝统一全国后，国家经过连年的动荡，人民生活贫困，土地荒疏。司马炎为了鼓励农业，采取了一系列经济措施以发展生产，屡次责令郡县官劝课农桑，并严禁私募佃客。他又从吴地、蜀地大量招募百姓北上，以充实北方。为了能让老百姓有个休养的机会，他废屯田制，使屯田民成为州郡编户。太康元年（公元 280 年），颁行户调式，包括占田制、户调制和品官占田荫客制。这些措施只施行了三年，西晋户数就上升到三百七十余万，比初行占田制时增加了二分之一。太康年间（公元 280—289 年），国家上下呈现一片繁荣景象，人民生活安定。此时，围棋也开始繁荣起来。

晋武帝司马炎很喜欢下棋，常常能从黑白之道中领悟出治国之策。

晋武帝司马炎像

选自《历代帝王图》卷（唐）阎立本/原作 此为摹本 收藏于美国波士顿博物馆

司马炎，西晋开国皇帝，司马懿之孙。

据说，他下决心征讨东吴，就是听了一位棋友张华的建议。晋武帝的秘书丞张华棋术高明，常被皇上召去对弈。一次正下着棋时，老将杜预给皇上送来奏请伐吴的表章。看到人民的生活刚刚安定，又要发动战争，司马炎有些犹豫。张华见此情况，马上站了起来，把下到一半的棋盘推开，侃侃而谈，仔细分析利弊，劝说晋武帝把握时机伐吴。武帝听了这位棋友的意见，觉得有理，于是决定兴师伐吴。

此时的东吴果然不堪一击，晋武帝没用多久便占领了整个吴地。伐吴胜利后，晋武帝又重操棋子，这回他可非下过瘾不行了。晋武帝与王武子对局，投降过来的吴主孙皓就站在一旁观看。下了一会儿，晋武帝有意为难孙皓，忽然问："你为什么喜欢剥人皮？"（吴国刑法严酷，孙皓对待臣民也非常狠毒，经常凿人眼目、剥人面皮。）孙皓回答道，对君主无礼的人就该剥皮。王武子怒斥孙皓就是无礼的人，晋武帝却淡淡地说，不是你的臣民无礼，而是你无道。就像这下棋，如果你老是用杀招，那么你必败无疑。

司马炎以史为鉴，深知曹魏末期苛政严法，导致风俗颓废、生活豪奢，所以他“矫以仁俭”，凡是孤寡老人、没有劳动能力的人，每人赐给谷物五斛，免除以前拖欠的旧役。他还重视法律，亲自向百姓讲解贾充等人所上书的内容，刊修律令，并能容纳直言。只是灭吴后，司马炎自高自大，逐渐怠惰政事，荒淫无度，光是后宫美人就蓄有近万人之众，埋下了日后动乱的引子。司马炎去世后不久，地方形成割据局面，爆发“八王之乱”，人民又生活在水深火热之中，全国重又分裂。

东晋建立后，国家又呈现出一片欣欣向荣之势，这时出现了许多会下棋的大臣名士，其中东晋开国元勋丞相王导便精通棋艺。爱下棋的王导祖籍山东临沂，字茂弘，是东晋丞相、著名的政治家。王导和琅琊王司马睿不仅是棋友，而且交往甚密。晋朝南渡之后，王导一面依靠南渡的北方士族，一面团结江东土著，双管齐下，大力协助司马睿稳固东晋政权。王导历三朝为宰辅，以“镇之以静，群情自安”的下棋之理作为

晋元帝司马睿像

选自《古先君臣图鉴》明刻本 佚名

司马睿，东晋开国皇帝。西晋王朝灭亡后，昔日王城洛阳沦陷于游牧民族之手。司马家族带领士族和大批民众南下，定都建康。琅琊王司马睿和北方世家大族的领袖王导共同建立了政权。公元318年司马睿登基称帝，史称东晋晋元帝。晋元帝在政治上依靠王导，军事上依赖王敦，形成了『王与马，共天下』的政治局面。

羊车游宴

选自《帝鉴图说》法文外销画绘本（明）佚名 收藏于法国国家图书馆

晋武帝自从灭亡东吴之后，认为天下太平，就逐渐开始沉溺酒色，驾羊车来择妃嫔。因其荒淫无度，不理政事，使得外戚擅权涉政，晋朝从此逐渐衰弱。

《金谷园图》轴

（清）华喦　收藏于上海博物馆

图中描绘的是西晋时期大富豪石崇及其所建的别墅金谷园。金谷园是一座极尽奢华的别墅，在别墅内，石崇夜夜笙歌，高朋满座，生活十分奢靡。当时，不仅是世家大族，就连晋武帝都飘飘然以为社会足够安定富足。此后，晋武帝便效仿周朝，分封司马宗亲，这为西晋王朝的发展埋下了隐患。

《百老图》卷

（清）佚名　收藏于美国纽约大都会艺术博物馆

画中有上百个老人聚集在一起，或对弈，或弹琴，或赏画，或聊天，怡然自得，妙趣横生。

治国安邦的方针政策，保持了东晋的安定局面。

王导曾与儿子王悦对弈，认为其中有无穷的乐趣。他说围棋可以陶冶人的性情，下棋的布局、着法、时间、节奏，乃至对输赢的态度，很能展现一个人的性情。王导的次子王恬才艺过人，琴棋书画样样精通，其中围棋是最擅长的，是东晋初年最有名的棋手之一。与王恬齐名的，还有江霖，他也是一位多才多艺的棋手。受父兄的影响，王导的幼子也爱围棋，《世说新语·排调》有段话记载了王导教幼子下棋时的情形："每共围棋，丞相欲举行，长豫按指不听。"刚学围棋的人，尤其是小孩子，总是不甘心认输，便以不讲理的办法阻止大人行棋，活现其童稚天真，这段话又把父子二人对围棋的喜爱和迷恋生动形象地描写了出来。

晋元帝司马睿看到国家在王导的管理下安定太平，人民安居乐业，便想在都城正南门立双阙，摆摆皇帝的威风。但王导提倡勤俭治国，婉转地指出牛首山双峰即为天阙，劝元帝放弃劳民伤财的主张。王导一心扶持晋室，功勋卓著，得到了朝野上下的尊崇。晋元帝把他比作管仲，亲自对他说："卿，吾之萧何也。"

▶《花卉册·杏花燕子》
（清）马元驭　收藏于中国台北『故宫博物院』
王导和谢安都住在建业青溪与秦淮河间的乌衣巷，只是谢比他晚些。唐人刘禹锡游览到此地，曾感慨赋诗：『朱雀桥边野草花，乌衣巷口夕阳斜。旧时王谢堂前燕，飞入寻常百姓家。』这里所说的『王谢』，即指王导和谢安领衔的王家及谢家。

煙横寒食雨鶯掠杏花風
馬元馭

镇定自若的谢安

东晋谢安是陈郡阳夏（今河南太康）人，字安石。他出身名门望族，祖父谢衡以儒学知名，官至国子祭酒；父亲谢裒，官至太常卿。谢安少年时在东晋就有盛名，他思想敏锐深刻，举止沉着镇定，风度优雅脱俗。他又下得一手好棋，东晋初年的不少名士如王导、桓彝都曾和他对弈，对他的人品和棋品十分敬重。

谢安虽出身名门，却淡泊名利，不愿混迹于官场。当时东晋朝廷因他的出身和名望，先是征召他入司徒府，接着又任命他为佐著作郎。谢安不愿为官，就在家装病，以此为借口推脱朝廷的征召。后来，谢安干脆跑到会稽山隐居起来，不见任何官员。在会稽山，他和王羲之、许询、支道林等名士名僧结为知己。他们游弋于山水之间，吟咏诗文、下棋喝酒，没有官场的束缚，好不快活。扬州刺史庾冰是谢安最好的朋友，很仰慕谢安的才华，几次三番地命郡县官吏催逼谢安做官。谢安是重友情的人，碍于庾冰的情面，不得已勉强赴召。可仅仅过了一个多月，受不了官场秽气的他又辞职回到了会稽。后来，朝廷又曾多次征召他，谢安仍然予以回绝。谢安的狂傲激起了不少大臣的不满，他们接二连三联名上疏，指责谢安对当今皇帝不敬，朝廷做出了对谢安终身不得起用的决定。谢安根本就不想当官，这回正好顺了他的心意。

东晋升平四年（公元 360 年），谢安接受征西大将军桓温的邀请，答应做他帐下的司马。谢安受将军之邀接受了职位，本来不是什么大事，然而消息传出以后，竟然引起了朝野轰动。在他动身前往江陵任职的时候，许多朝臣名士都赶来送行，其中既有朋友，也有平时看不惯他的人。对谢安颇有成见的中丞高崧挖苦说：“卿屡次违背朝廷旨意，隐居东山不出，人们时常说：‘安石不肯出，将如苍生何！’如今苍生又将如卿何！”谢安听了这话，毫不介意，只是大度地笑笑。桓温一开始没想到谢安会接受他的邀请来江陵任职，因此见了谢安十分兴奋，谢安和他会见完毕告辞后，桓温自豪地对手下人说道：“你们以前见过我有这样尊贵的客人吗？”

咸安二年（公元 372 年），即位不到一年的简文帝病重之时，桓温本来满心期待着简文帝会把皇位禅让给自己。谁知简文帝在临终时传位给太子司马曜。不久司马曜称帝，史称孝武帝。这让一心想当皇帝的桓温大失所望，便以进京祭奠简文帝为由，于宁康元年（公元 373 年）二月率军来到建康城外，准备先杀掉朝廷重臣，然后逼司马曜退位，自立为帝。他在新亭预先埋伏了兵士，然后下令召见当时朝中最重要的大臣谢安和王坦之。

桓温带兵进京祭奠，朝廷内人心惶惶。王坦之听到他点名要见自己，

谢安像

选自《古圣贤像传略》清刊本 （清）顾沅/辑录，（清）孔莲卿/绘

谢安，出身于东晋陈郡谢氏家族，东晋时期著名的政治家、名士。公元371年，权臣桓温废司马奕，另立司马昱为帝，桓温因手握大权威震朝野，司马家族的王权岌岌可危。此时谢氏一族挺身而出，谢安挫败了桓温篡位的野心。

更是害怕得要命，神色慌乱地问谢安怎么办。谢安坦然地说："晋祚存亡，在此一行。"意思是说晋朝的生死存亡，就在我们的这一次召见上。王坦之硬着头皮与谢安一起出城来到桓温营帐，紧张得手中的笏板也拿颠倒了，身上的冷汗把衣衫都溻湿了。谢安却从容不迫地就座，然后神色自若地对桓温说："我听说有道的诸侯设守在四方，明公何必在幕后暗处埋伏士卒呢？"桓温见埋伏被识破，只得尴尬地笑几声，下令撤除了埋伏。由于谢安的冷静和机智，桓温始终没敢对二人下手。

桓温的皇帝梦还没做醒，就得了重病。在返回姑孰之后，病情日益加

▶《成功捷报图》

（元）佚名 收藏于中国台北「故宫博物院」

画面中谢安正在与人下棋，收到了淝水之战胜利的捷报。悠闲的对弈环境背后却正在发生着关系国家生死存亡的战争，似乎淝水战役的胜利都在他的掌控之中。公元383年，前秦苻坚调动百万将士出征东晋，东晋王朝危在旦夕。谢氏一族的谢安、谢石、谢玄挺身而出，成为抵挡前秦入侵的先锋人物。仅8万人的晋军在谢安的指挥下，在淝水以少胜多，这就是著名的淝水之战。大战在即，谢安却在建康与人对弈，可见谢安的运筹帷幄功力。

《东山携妓图》

（明）郭诩　收藏于中国台北『故宫博物院』

画中是谢安归隐东山后，带三名歌妓出游的场面。

重。但他还在幻想着能得到“加九锡”的殊荣，不断派人催促。谢安故意拖延，对已经起草好的诏书一再加以修改，迟迟不予颁发。桓温终于没有如愿，带着皇帝梦，抱憾而死。

桓温死后，孝武帝下诏，让谢安与尚书令王坦之一起执掌朝政。数月后，任命中书令王坦之为徐州刺史，谢安被任命为尚书仆射兼吏部尚书，又兼总中书省，实际上总揽了东晋的朝政。手握重权的谢安深谋远虑，以和谐安定为重，缓和矛盾，稳定政局。他没有趁机报复谁，也没有提升自己的朋党。就连桓氏集团的人，他也没有采取赶尽杀绝的手段。他仍然信任和重用桓温的弟弟桓冲，让他担任都督徐、豫、兖、青、扬五州诸军事，负责镇守京口，后来又转为都督七州诸军事，兼任荆州刺史。谢安做事如此大度，令桓冲十分感动。深明大义的桓冲也没有因为哥哥的死而对谢安心怀不满，而是心甘情愿地以镇守四方为己任。

一个国家内部首先安定了，才能有精力来对付外面的事情。当时，前秦在苻坚的治理下日益强盛，成为东晋北方的威胁。强大起来的前秦总是在东晋的边境挑衅，东晋军队已经和前秦的军队有过几次小的交锋，屡遭败绩。谢安掌握大权之后，派自己的弟弟谢石、侄子谢玄率军征讨，又接连取得了几次胜利。

谋划深远的谢安知道苻坚不会就此罢手，更大的战役还在后面。他命谢玄训练出战斗力很强的北府兵，为抗击前秦做好了准备。公元383年，苻坚亲率大兵百万进攻东晋。东晋朝野上下惊慌成一片，孝武帝赶紧任命谢安为大将军，与谢玄一起迎敌。当时，晋军只有八万人马，敌军却是几十万，两方力量太过悬殊。敌人大军压境，谢安却没有表现出慌乱应对的样子，而是和以前一样，不是以棋、琴自娱自乐，就是饮酒赋诗，从不谈及军事。军情十分危急，谢玄心中焦虑万分，几乎天天入帐询问谢安制敌良计，谢安却毫不在意地说：“不急，不急，我自有方略。”就不再说话了。据说，谢玄因为自己问不出什么所以然来，只好让将军张玄向谢安请示大计，但谢安还是口不言兵，反而把张玄拉到山林间下棋，申明要下有彩头的棋，赌注是一栋别墅。

将军张玄是个围棋高手，谢安较之要稍逊一筹，平时不是他的对手。但这次两人坐定开局后，张玄却因为前线战事紧张，落子畏手畏脚，频频出错。反观谢玄，镇定自若，落子干脆，步步为营，得心应手。因此，张玄很快就败下阵来。谢安难得赢张玄，不免兴致陡增，又拉着张玄出营赏月，直到月上中天，才兴尽而归。深夜回到军营，将士们都睡了，谢安却又连夜把大家叫起来，商讨军情，公布作战计划。等部署军队安排后，天也亮了。将士们对谢安的沉着和冷静赞叹不已，愈发佩服了。

晋军将士按照谢安的布置，各自归位，按兵不动。等苻坚的百万大军退到淝水中间时，晋军全军出击，一下就击溃了敌军。信使前来报捷时，谢安正与朋友对弈，他只看了看军书，便随手放下，又对弈如故，脸上毫无表情。朋友见了很担忧，连忙问他前线形势如何，他才漫不经心地表示，孩子们已经带兵把敌人打败了。直到下完棋，客人走了以后，谢安才抑制不住喜悦，快步入室，连木屐屐齿都碰断。很难想象，谢安不动声色地指挥的这场战役，就是载入史书的淝水之战。

淝水之战的胜利，使谢安近乎封神，因此他遭到东晋朝廷中一些喜欢弄权者的妒忌。谢安本身就厌烦官场的钩心斗角，就提出由自己率军出镇广陵。他到任后，修筑了新城（今江苏扬州邵伯镇），名义上是针对前秦，实际上是想脱离建康这个是非之地。后来，谢安想起当年隐居的会稽山，便着手建造泛海的船只，准备从海路返回会稽。但他不久就患了重病，只得请求返回建康治病休养。然而他回到建康只有几天，就溘然病逝了，重回会稽东山的心愿也未能实现。

『去格七八道』的宋明帝

我国历史上第一次由政府专门为围棋手们设立官署，是在南北朝时的宋明帝执政期间。宋明帝在位时，曾专门设置了“围棋州邑”，意为“围棋城”，并委任王休仁为“围棋州邑”大中正。三国时魏国曹丕行九品大中正制，州置大中正，掌管地方选拔官吏事宜，可见这“围棋州邑”大中正的官位并不算低。除大中正外，宋明帝还授王谌、沈勃等四人为小中正，褚思庄、傅楚之为清定坊问。“清定”的意思是对官吏进行清理考核，以决定进退升降，所以“清定坊问”应该是“围棋州邑”中的专职官名，负责对棋士高下等级进行判定。“围棋州邑”的设立，客观上起到了推动围棋发展的作用，使人们不但对围棋的看法有所改变，而且会使更多的人把围棋当作一种学问和技艺加以研究。

宋明帝如此爱好围棋，那他的水平如何呢？据《南史·虞愿传》讲，宋明帝的围棋水平一般，下棋时要在棋盘上“去格七八道”，即不使用十九道线的棋盘，而是用小棋盘。可他是皇帝，心气高，偏要和当时最好的棋手王抗对局。王抗每次下棋都小心翼翼地输给他，输得还要有水平，不能让皇上看出是在故意地输。王抗边输边不时地吹捧皇上：“皇帝飞棋，臣抗不能断。”宋明帝居然就信以为真了，自以为天下第一，对围棋更着迷了。王抗因为“会”下棋，后来在“围棋州邑”当上了能判定棋手等第的“小中正”。

当时，浙江东阳有个叫娄逞的女子，她会下围棋，又识字，能讲解书籍。她女扮男装，凭借这些本事与官员交游，还当了官，做到了扬州议曹从事。在这里，她的女儿身被人识破。宋明帝知道后，以女人不能当官为由，撤掉她的官职，强令她返回原籍。娄逞没有办法，只能穿上女子服装离去，临行时叹惜地说：“像我这样有能力的女人，却不能跟男人一样在社会上活动，现在只好回家当老太婆去了，实在可惜呀！”

宋明帝有后宫三千，嫔妃们为了得到皇上的宠幸，争风吃醋，闹得宋明帝十分头疼，所以他非常憎恨妇人好妒忌的毛病。尚书右丞荣彦远因善于下棋而受到宋明帝的宠爱。有一天，宋明帝和荣彦远下棋，他看见荣彦远的脸上有伤，一问才知是荣彦远的妻子因妒忌小妾而抓伤了荣彦远的脸。宋明帝十分生气，立即对荣彦远说：“我为爱卿整治她怎么样？”荣彦远只得说：“我听陛下的旨意。”当晚，宋明帝赐给荣彦远的妻子一瓶毒药，将她毒死了。大臣刘休的妻子王氏也生性善妒，宋明帝听说后，便赐给刘休一名姬妾，并让小妾当家，派王氏售卖扫帚、皂荚等物品来羞辱她。

木胎《四季花卉》棋盘

（清）郎世宁　收藏于中国台北『故宫博物院』

25.7厘米×横26厘米。

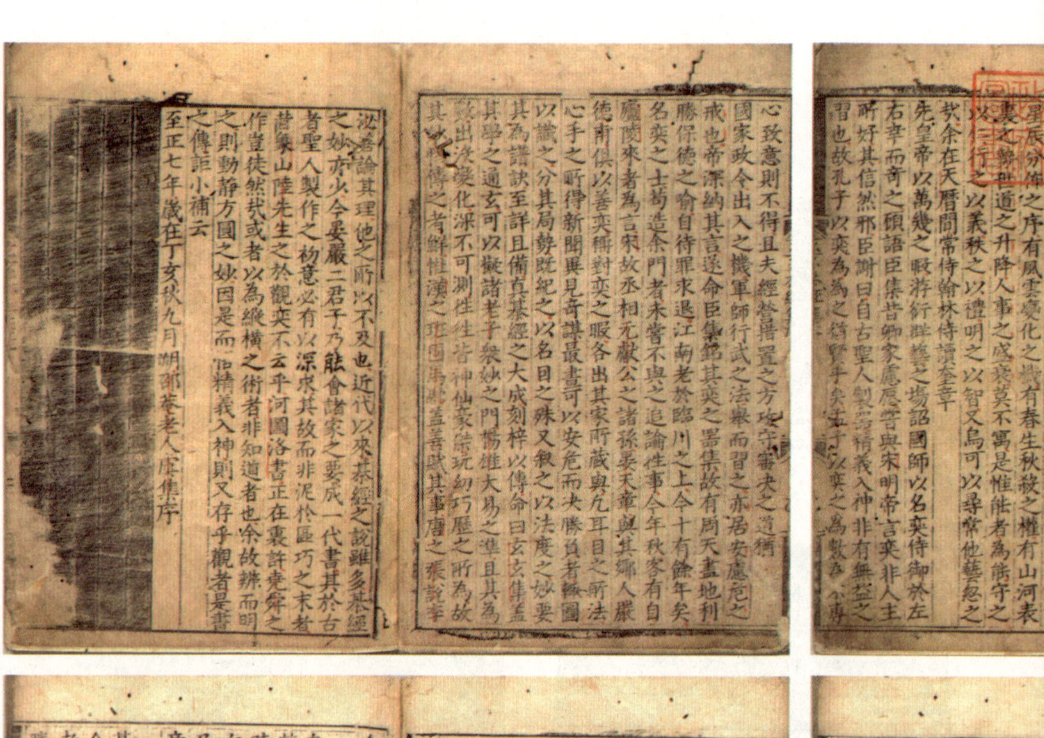
星辰分布之序有風雲變化之機有春生秋殺之權有山河表裏之勢世道之升降人事之盛衰莫不寓是惟能者為能守之以仁行之以義秩之以禮明之以智又烏可以尋常他藝忽之哉余在天曆間常侍翰林侍讀奎章

先皇帝以萬幾之暇游衍群藝之場詔國師以名奕侍御於左右幸而奇之頗語臣集昔卿家處虞嘗與宋明帝言奕非人主所好其信然邪臣謝曰自古聖人製器精義入神非有無益之習也故孔子以奕為為之猶賢乎矣孟子以奕之為數為小數

心致意則不得且夫經營措置之方攻守審決之道猶國家政令出入之機軍師行武之法舉而習之亦居安慮危之戒也帝深納其言遂命臣集銘其奕之器集故有周天畫地利勝保德之喻自待罪求退江南老於臨川之上今十有餘年矣名奕之士苟造余門者未嘗不與之追論往事今年秋客有自廬陵來者為言宋故丞相元獻公之諸孫晏天章與其鄉人嚴德甫俱以善奕稱對奕之暇各出其家所藏與凡耳目之所法心手之所得新聞異見奇譜最喜可以安危而決勝負者繪圖以識之分其局勢既紀之以名目之殊又參之以法度之妙要其為譜訣至詳且備真棊經之大成刻梓以傳命曰玄玄集蓋其學之通玄可以擬諸老子衆妙之門揚雄大易之準且其為數出沒變化深不可測往往皆神仙家崇玩幻巧歷之所為故其妙傳之者鮮惟演之班固馬融蓋善賦其事唐之張說李泌善論其理他之所以不及也近代以來棊經之說雖多棊經之妙亦少今晏嚴二君子乃能會諸家之要成一代書其於古者聖人製作之初意必有以深求其故而非泥於區巧之末者昔象山陸先生之於觀奕不云乎河圖洛書正在裏許堯舜之作豈徒然哉或者以為縱橫之術者非知道者也余故辨而明之則動靜方圓之妙因是而精義入神則又存乎觀者是書之傳詎小補云

至正七年歲在丁亥秋九月朔邵菴老人虞集序

使貴者則皆楪焉惜焉亦鮮克以中其獲也得朱焉則若有餘得墨焉則若不足余諦視之以思其始則皆類也秀才一書而輕重若是適延其手而先焉非能擇其善而朱之否而墨之也然而上焉而上下焉而下貴焉而貴賤焉而賤其易彼而敬此遠以遠焉然則若世之所以貴賤人者其異于貴賤於茲棊者歟其所謂貴者有敢輕而使之擊觸者歟其所謂賤者有敢避而使之擊觸者歟彼朱而墨者相去千萬且不啻有敢以一敵其一者歟余墨者徒也觀其始與末有似棊者故序

圍棊賦　馬融

略觀圍棋法於用兵三尺之局為戰鬥場陳聚士卒兩敵相當怯者無功貪者先亡常據四道守用依傍綠邊遮列往往相望離離馬目連連鴈行踔度間置徘徊中央收取死卒無使相迎當食不食反受其殃離亂交錯更相度越守規不固為所唐突深入貪地殺亡士卒狂攘相救先後并沒計功相除以時早訖事留變生拾棊欲疾營或窘之無令詐出深念遠慮勝乃可必

棊經十三篇　張擬

傳曰飽食終日無所用心不有博奕者乎栢譚新論曰世有圍棊之戲或言是兵法之類上者遠其蹤張置以會圍因而成得道勝中者則務相絶遮要以爭便求利故勝負狐疑須計數以以定下者則守邊隅趨作罫以自生於小地春秋而下代有其人則奕棊之道從來尚矣今敢勝敗之要分十三篇有與兵法合者亦附于中云耳

棊局第一篇

夫萬物之數從一而起局之路三百六十一一者生數之主據其極而運四方也三百六十以象周天之數分而為四以象四時隅各九十路以象其日外周七十二路以象其候枯棊三百六十白黑相半以法陰陽局之緫道謂之枰緫道之間謂之罫局方而靜棊圓而動自古及今奕者無同局曰日日新故宜用意深而存慮精以求其勝負之由則至其所未至矣

得勝篇第二

棊者以正合其勢以權制其敵故計定於內而勢成於外戰未合而算勝者得算多也不勝者得算少也戰已合而不知勝負者無算也兵法曰多算勝少算不勝而況於無算乎由此觀之勝負見矣

《玄玄棋经》

（元）严德甫、晏天章 编　收藏于日本内阁文库

书名出自《道德经》『玄之又玄，众妙之门』，用来形容棋局着法精妙。《玄玄棋经》共分为《棋局》《得算》《权舆》《合战》《虚实》《自知》《审局》《度情》《斜正》《洞微》《名数》《品格》《杂说》十三篇，对我国围棋发展影响很大。作者严德甫是元代棋手，书中所用棋局均是作者在对弈中所得，图而识之，成《玄玄棋经》。

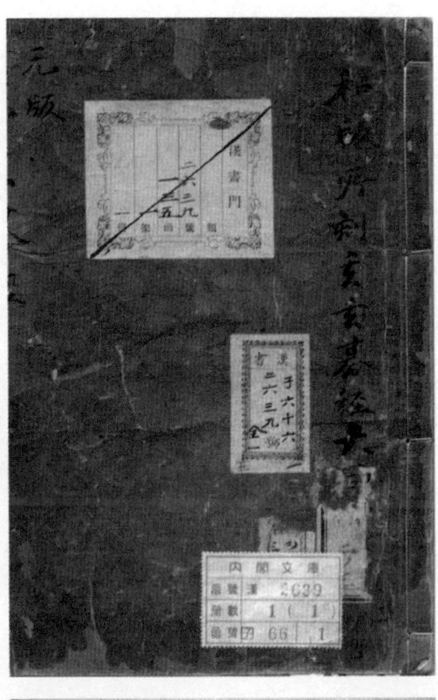

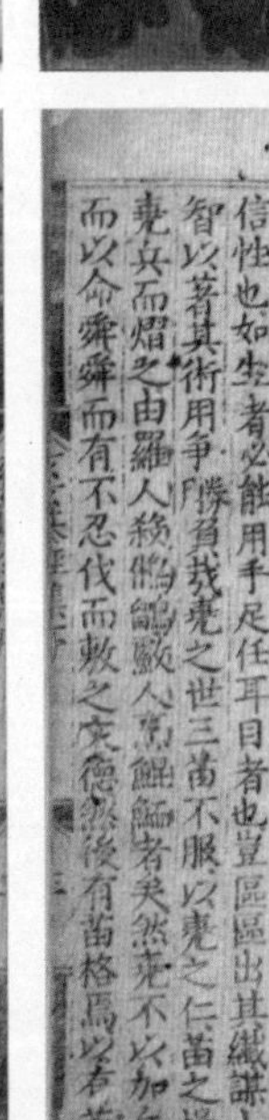

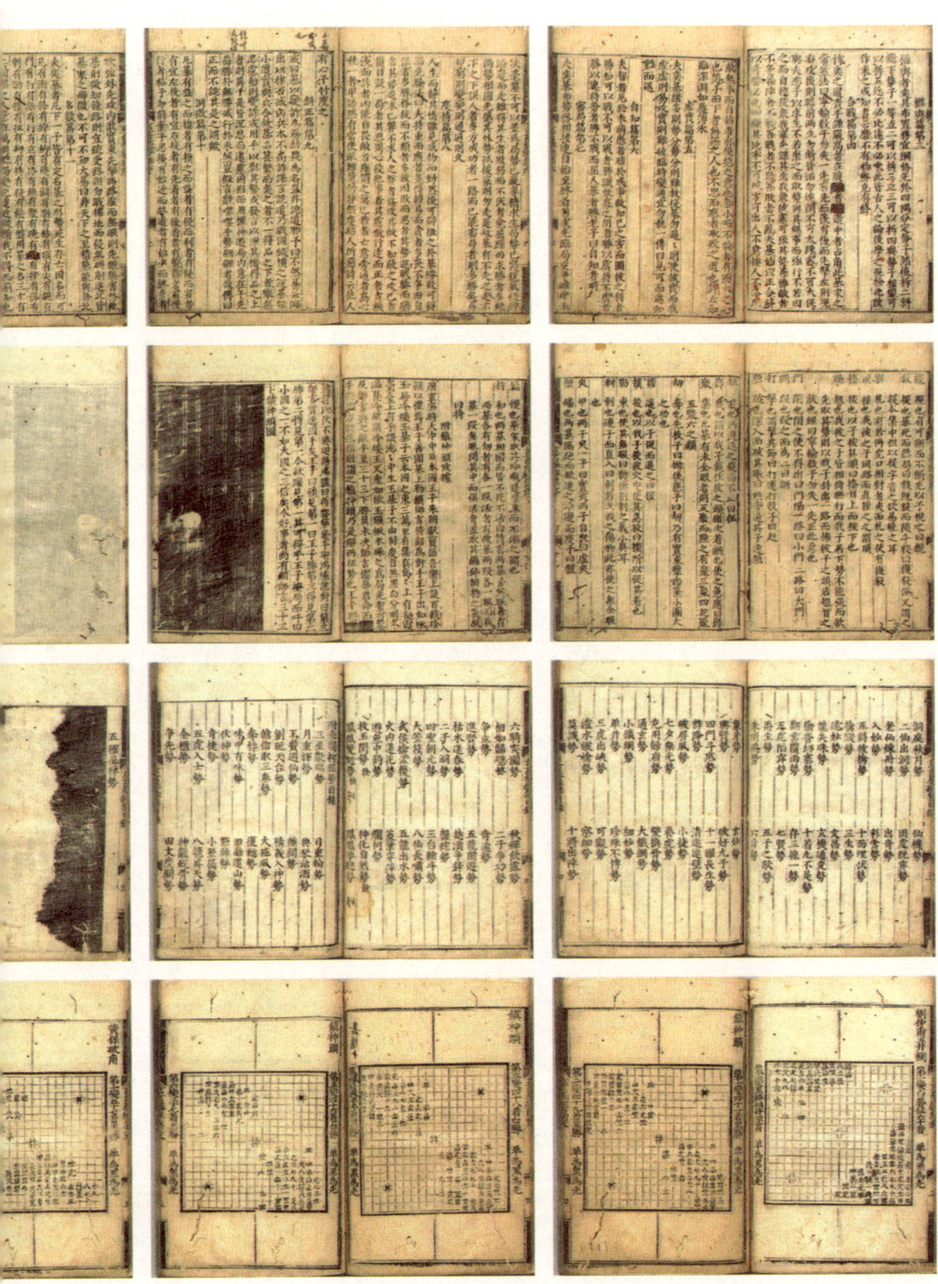

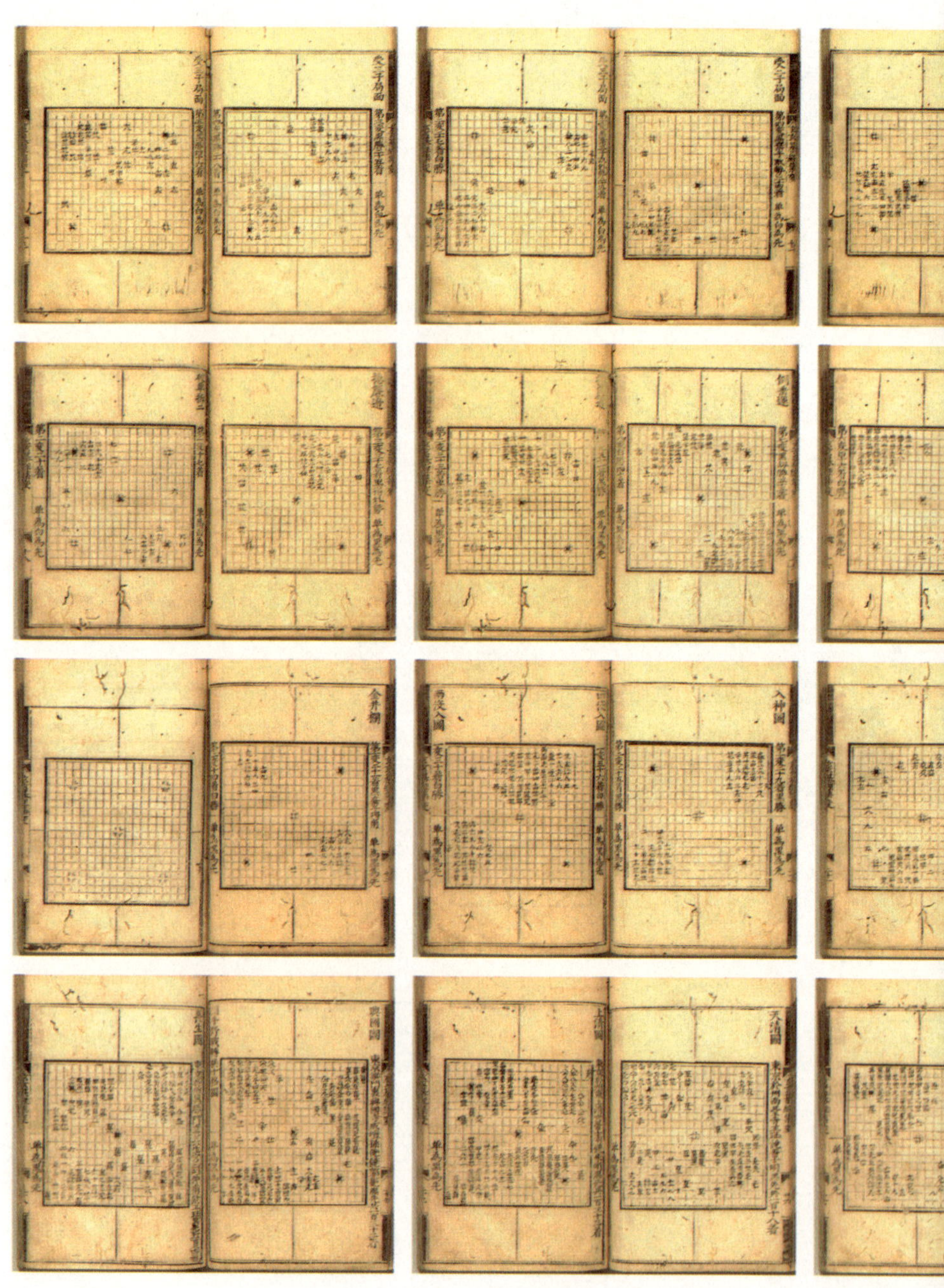

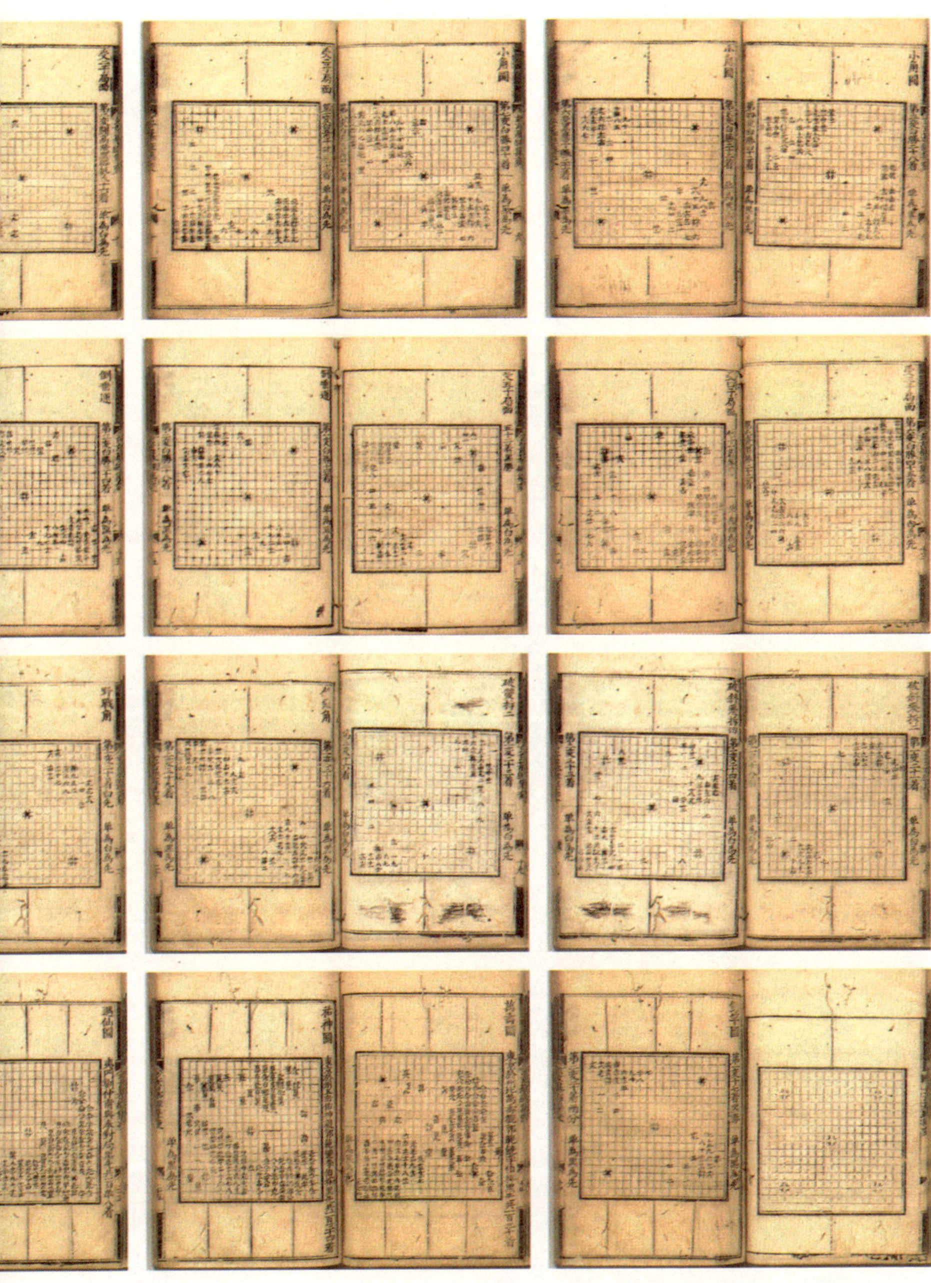

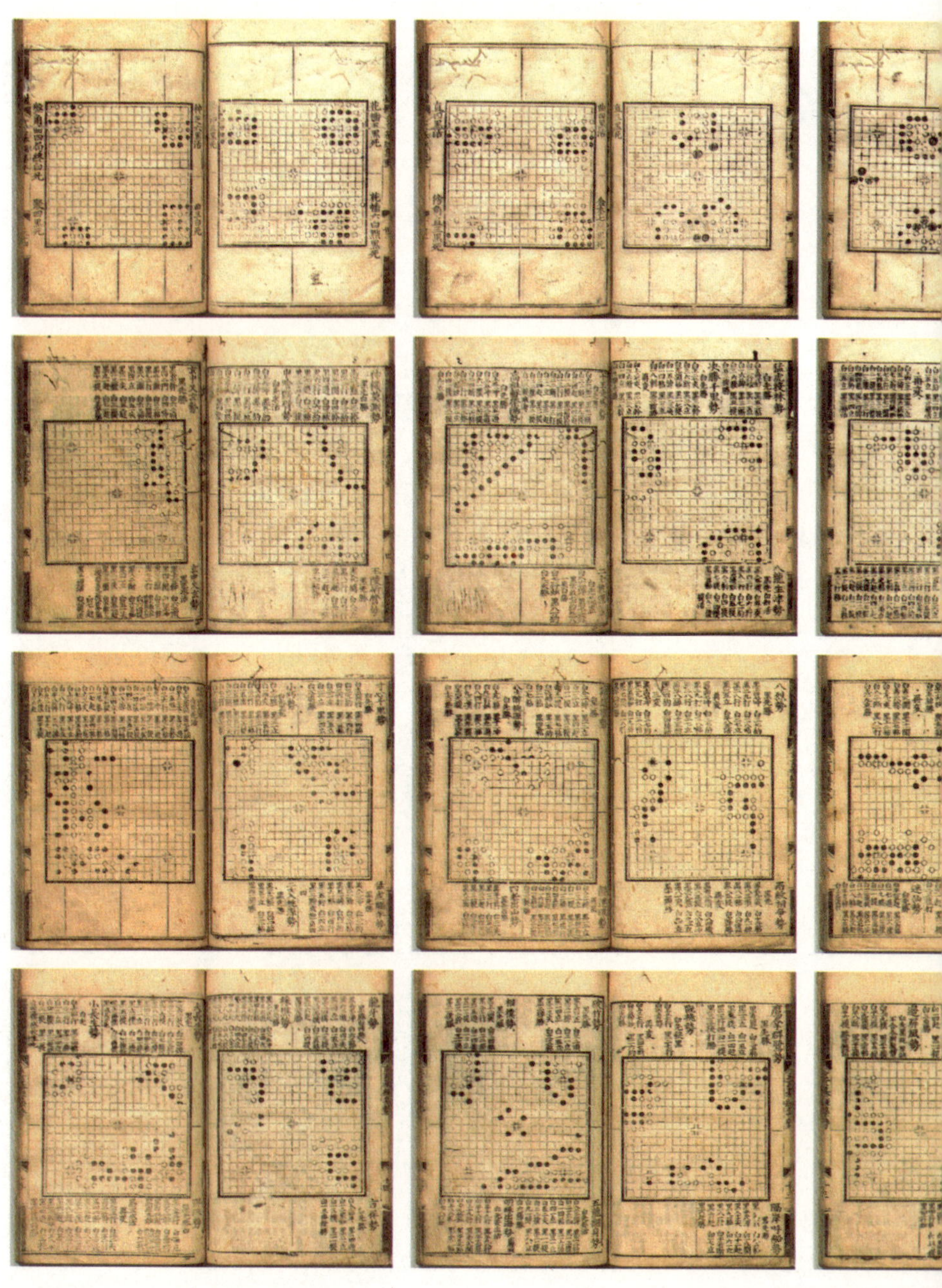

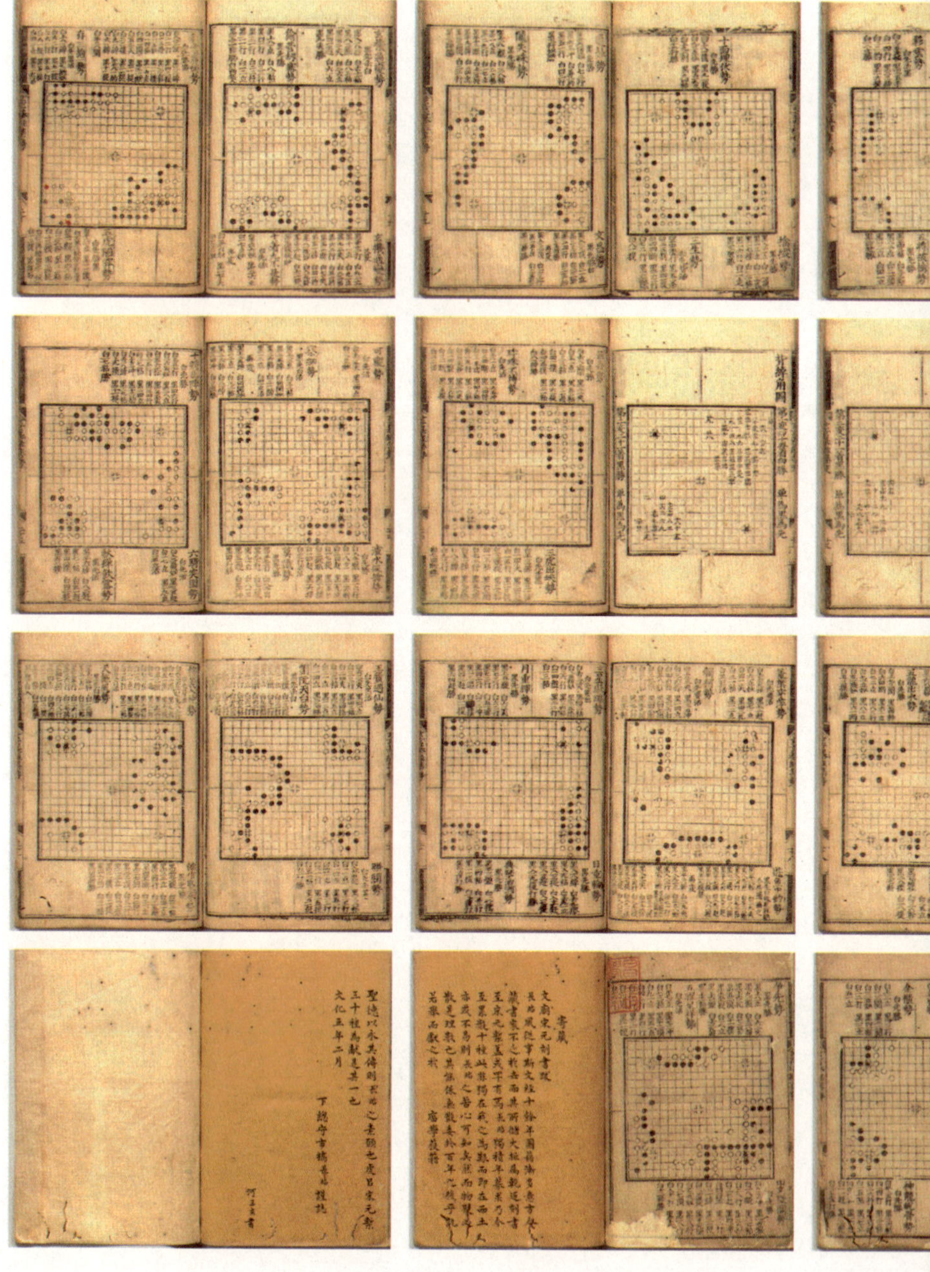

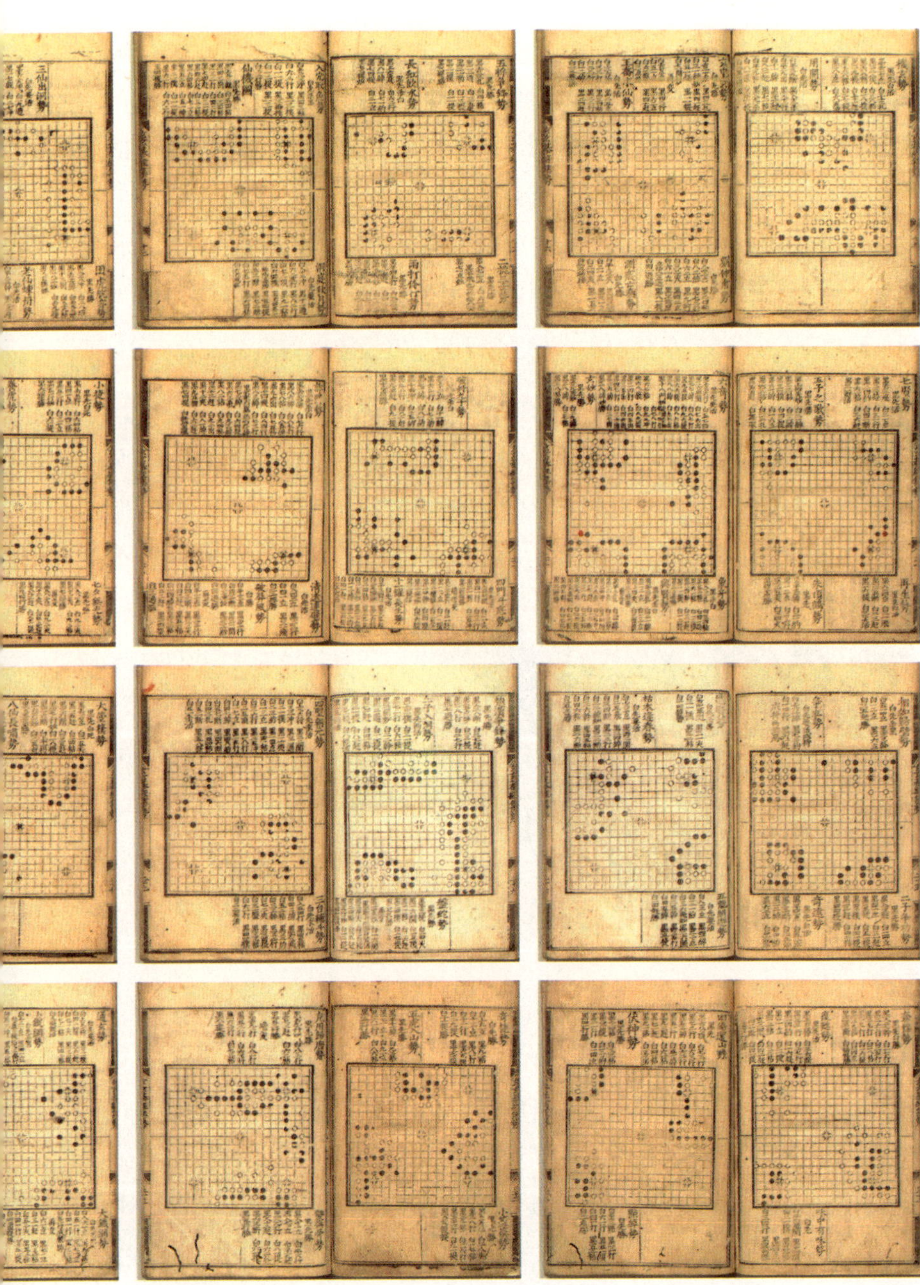

宋明帝荒淫无度，身体一天不如一天。他心想，自己一旦有个意外，儿子刘昱年纪幼小不能亲政，必由皇后临朝称制。皇后是一女流之辈，肯定会将她的哥哥王景文升为宰相。如果外戚大权在握，恐怕儿子的皇位也坐不稳，到时候刘家的江山就会落到外姓人手中。他越想越觉得王景文是个危险人物，于是写了一封信给王景文。当时王景文正与客人下围棋，他毕恭毕敬地读完信，没有说一句话，而是继续和客人下棋。等到一局棋下完，王景文才将棋子放进盒子里，慢慢取出信给客人看，说："皇上赐我自尽。"客人大惊失色，结果王景文从容服毒而死。

宋明帝晚年多病多灾，好鬼神，多忌讳。他命令大臣对言语、文书中有祸败凶丧以及类似的话都要回避，如果触犯了，必定严加惩处。宋明帝曾将南苑借给了大臣张永时，并对他说，"三百年以后你再开启"，好像他能活三百年似的。当时，都城的宣阳门在民间被称为"白门"，宋明帝认为这个名字不吉利，"白"同"丧"意，这是十分忌讳的，于是下令改名。尚书右丞江谧有一次误犯说了"白门"二字，宋明帝脸色大变说："白你的家门！"江谧急忙跪下谢罪。在宋明帝的影响下，宫内外人人忧虑犯忌，宫里即使移一张床靠近墙壁，必定先祭拜土地神后才敢动手。宋明帝晚年更加残虐好杀，左右失旨忤意者往往被截去四肢。南朝宋被他搞得民不聊生，天下动荡不安。

自弈行乐图

选自《仕女清娱图》册 （清）喻兰 收藏于北京故宫博物院

描绘富贵人家的女子自弈行乐的场面。

因棋误事的帝王

南北朝时围棋之风甚盛，不光学士文人喜欢下棋，连普通百姓也喜欢下棋，最后连皇帝也迷上了此道。梁武帝萧衍同宋明帝一样，也是一个爱好围棋的帝王，他迷棋迷到了一天不下棋就手痒的程度。

萧衍（464—549）字叔达，是齐高帝萧道成的族侄，南朝兰陵人，是南朝梁的开国皇帝。南朝齐和帝中兴元年，萧衍趁齐国发生内乱，起兵攻入建康，翌年取得帝位，建立梁朝，史称梁武帝。萧衍在帝位 48 年，对当时中国政治、经济、文化、宗教影响甚大。他的军事才能和政治谋略在南朝诸帝中堪称翘楚。他在学术研究和文学创作上的成就则更为突出。史书称他："六艺备闲，棋登逸品，阴阳纬候，卜筮占决，并悉称善……草隶尺牍，骑射弓马，莫不奇妙。"

梁武帝萧衍像

佚名　收藏于中国台北『故宫博物院』

萧衍，字叔达，南朝兰陵（今江苏省常州西北）人。齐末时为雍州刺史，当时皇帝萧宝卷荒虐无道，他拥立萧宝融起兵造反，自封梁王，后又代齐建梁。在位期间崇尚儒学和佛道，广修寺院。公元548年，东魏降将侯景带兵破城，遂卒。他在位四十八年，因擅长文学，有著述，后人撰《梁武帝御制集》记录。

梁武帝尊儒兴学，在他执政前期，减轻人民的赋税，取消严酷的刑法，勤于朝政，体贴民众。为了禁绝臣民献纳财宝、官员之间互相输送利益的不良习惯，他还下令断庆礼、止贡献。有了这些英明的举措，南梁全国安定，府库充盈，文化昌盛，极魏晋以来之盛。萧衍做皇帝之后，初期的政绩是有目共睹的。他吸取了齐灭亡的教训，自己很勤于政务，总是五更天起床，不论冬夏春秋。冬天时，都城建康（今南京）还是很寒冷的，他在批改公文奏章时，把手都冻伤了。他善于听取众人意见，最大限度地用好人才。当时的宫门前有两个盒子（也叫函），一个是谤木函，一个是肺石函，如果有功之臣和有才之士，没有受到合理的赏赐和提拔，就可以往肺石函里投递书文；要是一般的百姓，想要给国家提什么批评或建议，可以往谤木函里投书。

梁武帝以节俭出名，史书上说他生活简朴，不讲究吃穿。他一顶帽子可以戴三年，一床被子要用二年，穿的衣服也是浆洗过多次的旧衣服；在吃的方面，梁武帝也很简单，主要是蔬菜和豆类，且每天只吃一顿饭，如果太忙，就喝点粥充饥。在这方面，梁武帝在中国古代所有皇帝中是独一无二的。

梁武帝棋艺高超，对围棋喜爱到了废寝忘食的地步。在齐国为臣的时候，他每逢闲暇，常彻夜不眠，与人弈棋。当了皇帝以后，他日理万机，政务繁忙，可下棋的兴趣依然不减。大臣朱异、韦黯、到溉、陈庆之等都是他的棋友。梁武帝和臣子下棋，每每兴致高时，就忘了君臣有别的俗礼。一次，梁武帝约到溉下通宵棋，到溉不习惯熬夜，下到后半夜，疲惫不堪，居然趴在棋盘边睡着了。梁武帝见状大笑，就做诗嘲讽他："状若丧家狗，又似悬风槌。"随后到溉被唤醒，他非常惶恐，以为皇上要怪自己无礼，等他听到梁武帝的诗句，才知道皇上并没有责怪自己的的意思，于是君臣尽欢，放声大笑。

梁武帝喜爱围棋已经到了痴迷的地步。但他深夜弈棋的嗜好，可把手下人折腾苦了，跟随他的侍从或者"陪练"没几个能熬得住的，只有陈庆之一招呼就来，从而使得萧衍免去了一个人打谱的无聊。当时陈庆之只有十七岁，还只是个爱好下棋的大孩子，萧衍对这位少年侍从格外赏识。公元 502 年，梁武帝任命当时年仅十八岁的陈庆之为主书（主书的职责就是掌管一些皇帝的重要文书），而依照陈庆之当时的身份，这个职务所做的还有传达敕命一类的任务。陈庆之彻夜陪皇上下棋，竟陪出个官位来，也算没有白费力气。

梁武帝晚年信佛，对佛家弟子十分尊崇。他听说有一个名叫榼头师的和尚，佛理讲得深妙，十分敬重他，就下诏要这位高僧入宫研讨佛法。当榼头师入宫的时候，梁武帝正在和人下棋，马上就要杀死对方的棋子，便随口说道："杀掉！"左右侍从一听皇上的口谕，不由分说，马上将榼头师推出斩首，连个说话的机会都没给。下完棋，梁武帝想起下令召见榼头师的事，询问左右侍从佛师来了没有。侍从知道理解错了皇上的意

青瓷莲花尊（南北朝）
收藏于苏州东吴博物馆
莲花是佛教常用的装饰主题、纹样。

思，赶忙跪下硬着头皮说："已奉旨将此人杀掉了。"梁武帝听罢，后悔不迭。可见，对一件事过分迷恋，往往会误了大事，并且还有可能害人性命。

梁武帝晚年奢靡成风，和他刚当皇帝的时候判若两人。他劳民伤财地建造了大量的寺塔佛像，曾三次"舍身"同泰寺，每次赎身都要由公卿大臣捐一亿钱给寺庙。梁武帝的挥霍无度，终于酿成奸佞内外勾结的"侯景之乱"，使有二十八万户的繁华大都市建康化为废墟，他自己也被围于台城，饥愤而死。

除宋明帝、梁武帝外，南北朝时还有其他痴迷围棋的皇帝，北魏世祖拓跋焘就是其中之一。据《北史》上说，拓跋焘一摆开棋局，往往诸事俱忘。有一回，他正和给事中刘树对弈，边境来了急报。因事情紧急，大臣古弼也不怕扰了皇上的棋兴，急忙奏报。谁料皇上正与刘树杀得难解难分，对他的奏报根本不听。古弼耐着性子等了一会儿，见皇帝盯着棋盘连眼皮也没对自己抬一下，不由怒气冲天，上前便揪住刘树头发，将他拖离棋桌，一顿痛打，指斥说："朝廷不理，实尔之罪。"拓跋焘这才从棋局中回过味来，见刘树因为自己受屈，急忙上前劝解，并大做自我检讨："不听奏事，过在朕，树何罪？"古弼见皇帝主动认错服了软，也就做罢。北魏世祖拓跋焘虽然痴迷围棋，但知过能改，算是明白的皇帝。

梁武帝出家图

明代壁画　收藏于法国吉美博物馆

第四章 棋事盛行的唐宋

『小子一子定乾坤』的李世民

唐朝是由唐高祖李渊建立起来的强大王朝，它与汉朝同为中华民族强盛的象征。在这个经济发达、文化繁荣的时代，围棋也获得了空前的发展，产生了一大批与棋有缘的名人，唐太宗李世民就是其中之一。李世民与围棋渊源颇深，唐代传奇《虬髯客传》中就记载了这样一则传说。

据说，李渊、李世民父子还未举事时，天下便盛传李世民是真龙下界。虬髯客听到这种说法后，就让一名道士邀请李世民前往道观对弈，趁机看他是否真有帝王之相。道士一见李世民风采，便“面色惨然，下棋子曰：‘此局全输矣！于此失却局哉！救无路矣！复奚言！’罢弈而自去”。关于这个传说，还有另一种版本，说下棋的是虬髯客本人，他和李世民一开局，便在四星位各置一子，喝道：“老虬四子占四方！”李世民不慌不忙，在天元下了一子，回敬道：“小子一子定乾坤！”据说李世民的气势当时就镇住了虬髯客，使其认定李世民确有帝王之气度。为了证明自己的判断，虬髯客决定请一位厉害的道士来帮忙相看。约会当天，道士正与刘文静下围棋，刘文静邀请李世民观战，李世民一出现便“精采惊人，神气清朗，满座风生”。道士虽然是在下棋，但最主要的目的是来给李世民相面，道士一看之后，神情凄然地说：“这棋全输了。”这是一句一语双关的话，除了说棋，还有另一层意思，就是指也怀有争霸天下之心的虬髯客根本没有跟李世民争雄的实力。后来虬髯客出走海外，走之前将自己巨额的家产交给李靖，让李靖辅助李世民争取霸业。

被虬髯客认为有帝王之相的李世民深知棋理，在少年时期就能把军事与下棋联系在一起。隋朝末年，李世民看到隋炀帝昏庸无道，天下大乱，便利用下围棋的机会向父亲讲述天下的局势，促使李渊竖旗起事，李世民也跟着父亲开始了他的南征北战生涯。作战空隙，他依然不忘下棋，并在日后写过两首关于围棋的诗，以棋喻兵，以兵言棋。

其一曰：

手谈标昔美，坐隐逸前良。
参差分两势，玄素引双行。
舍生非假命，带死不关伤。
方知仙岭侧，烂斧几寒芳。

唐高祖李渊立像

选自《历代帝后像》轴　佚名　收藏于中国台北『故宫博物院』

李渊，唐朝开国皇帝，出身北周贵族。隋末时，李渊从太原发兵攻占长安。公元618年，废恭帝自立为帝，建立唐朝，定都长安，后统一全国。

唐太宗李世民立像

选自《历代帝后像》轴　佚名　收藏于中国台北「故宫博物院」

游幸江都——隋炀帝

选自《帝鉴图说》法文外销画绘本（明）佚名 收藏于法国国家图书馆

隋炀帝巡视扬州所乘的龙舟极为壮观。所到之处，百姓必须手捧珍贵食物且夹道相迎，未被临幸的食物则必须扔掉，极度浪费。

◀剪彩为花——隋炀帝

选自《帝鉴图说》法文外销画绘本（明）佚名 收藏于法国国家图书馆

隋炀帝在位时在宫中营筑了一座别苑，穷极华丽，冬天树叶掉了，便用彩色纸剪下树叶形状，挂在树上。隋炀帝在此夜夜笙歌，乐不思政。

唐太宗勤政爱民的历史故事

选自《帝鉴图说》法文外销画绘本

（明）佚名　收藏于法国国家图书馆

1	2	3	4
	5	6	7
	8	9	10

1. 弘文开馆。唐太宗在宫殿旁开设弘文馆，听官员给他讲古论今，从而扬长避短，来治理国家。
2. 上书粘壁。唐太宗抄下奏折中的可取之处，贴在墙壁上，以便经常看到，来提醒自己治国之道。
3. 纳箴赐帛。唐太宗得到了一份言之有理的谏书，于是便赐予上谏之人锦帛，还给他升了官。
4. 敬贤怀鹞。唐太宗在玩鹞子时，遇到了大臣魏征来上谏奏事，唐太宗出于尊重，将鹞子置于袖中，以至于最后鹞子被闷死在衣服内。
5. 览图禁杖。唐太宗以宽仁治天下，览医书得知人之要害，便传令各府衙门惩治犯人时，不可刑其人脊背。
6. 纵囚归狱。唐太宗释放囚犯，并约定好囚犯再次归狱时间。明德慎罚、以德化民是重要的管理理念。
7. 撤殿营居。唐太宗关爱大臣，将自己建造宫殿用的建材赠给臣子魏征帮他建造房子。
8. 面斥佞臣。唐太宗当面训斥阿谀奉承的官员。
9. 剪须和药。唐太宗关爱大臣，剪下自己的胡须来为臣子做药引。
10. 召试县令。唐太宗为防止新晋县令中有不贤者危害百姓，便亲自组织再次考核观察。

其二曰：

治兵期制胜，裂地不要勋。
半死围中断，全生节外分。
雁行非假翼，阵气本无云。
玩死孙吴意，怡神静俗氛。

隋大业十四年（公元 618 年），李渊在长安称帝，改国号为唐，定年号为武德。李世民被封为秦王，哥哥李建成被立为太子，弟弟李元吉被封为齐王。

其实，李世民在唐朝建立之前的战功还不是十分显著，他主要的战功，是唐朝建立之后统一全国。刚刚建立起来的唐朝并没有完全统一全国。李渊在称帝之后就不便于亲征了，太子建成也要在长安辅佐父亲处理政务。当时各派的军事势力混战不断、争斗不休，急需一位帅才来收拾局面。二十来岁的李世民勇敢地挑起了这副重担，他前后用了十年多的时间完成了这项艰巨的任务。这些军功使他赫赫有名，无人能与其匹敌。也正是这些功劳，让李世民有了野心，有了争夺帝位的强烈愿望，才导致哥哥建成的嫉妒，也就导致了兄弟相残的“玄武门之变”。

李世民是个真正的军事家，他作战时往往是亲自侦察，部署作战计划。为了获取真实的情报，李世民每次作战都要亲自到前沿侦察，深入到敌营附近。有一次和王世充交战，李世民被敌方的骑兵包围，等突围回来时，满面灰尘，连贴身的士兵都认不出他来了，竟然不让他进营门。等李世民将甲胄脱了下来，众人这才晓得是秦王本尊。

常年与士卒一起征战的李世民深知同甘共苦的重要性，他作战时身先士卒，休息时与将士同吃同住，深得士兵们的爱戴。有一次，李世民为了追击宋金刚，几天几夜没有休息，到了晚上宿营时，他和将士都很疲劳、饥渴。这时，他手下的亲兵弄回了一只羊，尽管饥饿到了极点，李世民仍然没有独自享受美味，而是吩咐厨子将羊烹好，和将士们一起吃起来。将士们看到主帅如此体恤下属，心里感恩不已，上了战场个个冲锋在前，英勇无畏，从而取得了巨大的胜利。

李世民爱下棋的习惯在征战中一直没有落下，一有空闲时间，他便与军士们提子博弈，也凭此收揽了不少人心。当上皇帝后，他对围棋的爱好更甚，经常与嫔妃挑灯对决。皇帝对围棋的重视，当然会影响到社会各阶层特别是文人士大夫对围棋的态度。唐代围棋的繁盛，也由此开始。

贞观十年（公元 636 年），唐太宗得了痈疮，虽然宫中太医一直为其调养，可没有明显的好转。后来，李世民开始听信道士的话，服用金石丹药。唐太宗以前听到秦始皇、汉武帝派人炼制丹药时，十分看不起他们，现在他自己也不知不觉地陷到炼丹中去了。到贞观二十一年（公元 647 年），唐太宗“风疾”发作，烦躁怕热。第二年，一个天竺人给李世民送来了外国的“仙药”，说是能延年益寿、长生不老。谁知那人是个骗子，李世民越吃“仙药”病情越重。贞观二十三年（公元 649 年）五月，因丹药的毒性发作，李世民不治而亡，时年五十岁。

最负盛名的帝王棋手

唐朝历代皇帝对围棋都很喜爱，唐玄宗尤其如此，可以说是最负盛名的帝王棋手。为了提高棋艺，唐玄宗甚至还专门为围棋手们设置了一种官职——棋待诏。棋待诏与画待诏、书待诏同属翰林院，所以又被统称为“翰林”。棋待诏的设立确定了围棋在我国古代文化中的地位，从此我国开始有了专职的围棋手。

唐朝棋风盛行，从皇宫内廷到市井街巷，都能见到人们对弈的身影。唐朝著名诗人张籍写了一首《美人宫棋》，诗中描写的就是唐朝宫女下围棋的情景，诗曰：“红烛台前出翠娥，海沙铺局巧相和。趁行移手巡收尽，数数看谁得最多？”由此可见，连处在深宫的宫女都会弈棋，何况帝王将相。

对于唐宫中下棋的情形，欧阳修的《新唐书·百官志》也有记载：“宫教博士二人，从九品下，掌教习宫人书、算众艺。初，内交学馆隶中书省，以儒学者一人为学士，掌教宫人。武后如意元年，改曰习艺馆，又改曰万林内教坊，寻复旧。有内教博士十八人：经学五人，史、子集缀文三人，楷书二人，庄、老、太乙、篆书、律会、吟咏、飞白书、算、棋各一人。开元末，馆废，以内教博士以下隶内侍省，中官为之。”

从这一段记载可以看出，唐朝宫内还设有棋博士，开设棋艺课程，以便宫内人学习。这也解释了唐代朝廷对入宫之人要求高的原因，没有文化基础，怕是很难学好这些技艺。至于棋博士，虽然不要求他们是高手的棋艺水平，但起码能教会宫里人，以便他们能陪着妃子下棋解闷。

与棋博士不同，唐朝的棋待诏就必须是高手中的高手了。

翰林院设置棋待诏本来就是为了招揽天下的围棋高手。棋待诏的设立虽然始于唐朝，但“待诏”一职，早在汉朝就有了。“诏”，专指皇帝的诏书，“待诏”就是说候命，合起来就是随时等候皇帝命令的人，指的是那些因某种才能被征召后却没有被安排正式职位的人。汉朝时有“待诏公车”“待诏金马门”等名目。唐初于宫中置翰林院，为内廷供奉之所。取名翰林者，寓意为文翰如林，但在当时，除文词、经史之外，还有棋、卜、医、术等各种专门技艺人员。他们定期入宫当班，待诏于院中，等候天子召见，陪着天子下棋、作画、写字，以一已之长服务天子。唐玄宗时，用“待诏”名称作官职，称为“翰林待诏”。

唐代棋待诏的设立有两个阶段。唐玄宗以前为形成期，棋手候命于翰林院，等待天子宣召，并无官称。玄宗时正式定为官职后就固定下来了。

▲《五王醉归图》卷

（元）任仁发　收藏于上海苏宁艺术馆

描绘的是唐玄宗五兄弟的故事，唐玄宗年少时常与自己的四位兄弟宴饮作乐、驭马打猎。

▲《明皇合乐图》

（唐）张萱　收藏于中国台北『故宫博物院』

《杨贵妃出浴图》

（清）佚名　收藏于美国克利夫兰美术馆

杨贵妃是唐玄宗最宠爱的妃子。

《内人双陆图》（局部）
（唐）周昉　收藏于美国弗利尔美术馆
此画描绘了唐代贵族妇女以棋戏消遣的生活场景。

这种官职没有品秩，属于使职差遣之类，在翰林院中的地位比较低微。

唐代翰林院棋待诏的设立意义重大，它一方面大大提高了棋手的社会地位，另一方面使士人和平民除科举考试之外，又多了一条进身官场的路子。所以当时有许多人倾毕生之精力研究棋艺，一心想成为职业棋手，以效命于帝王之家。这项举措推动了我国围棋棋艺的发展，标志着我国的围棋水平达到了一个新的高峰。

唐代对棋待诏的任命非常严苛，因为毕竟是要陪皇上下棋。要想成为棋待诏，经过推荐与考选后，还要过当场测试等几道关口，滥竽充数的人肯定是不行的，因此唐朝的棋待诏都是当时第一流的高手。他们被选拔到京师后，通过自己的活动推动了围棋的发展，使围棋的事业越来越繁荣。

唐玄宗经常在宫中下棋。据《酉阳杂俎》记载：有一年夏天，玄宗与亲王对弈，杨贵妃一手拈着荔枝，一手牵着康国犬（一种来自康国的

寵幸番將

宠幸番将——唐玄宗

选自《帝鉴图说》法文外销画绘本

（明）佚名　收藏于法国国家图书馆

安禄山是唐玄宗的宠臣，也是『安史之乱』的主角，曾建立伪燕政权，后被其子安庆绪所杀。

《仿明皇幸蜀图》轴

（明）仇英　收藏于中国台北『故宫博物院』

此图画的是安史之乱时，唐玄宗放弃都城长安，逃往蜀地避难，行军途中的场景。

狗），在旁边陪着。玄宗觉得下棋的氛围不够，又让贺怀智前来弹琵琶曲助兴。下着下着，贵妃眼看着玄宗招架不住就要输了，她紧锁眉头，比玄宗还急，可不能让玄宗输呀！情急之下，她急中生智，把康国犬放到棋桌旁边，让它爬上棋盘，搅乱了棋子。如此一来，这一局棋不了了之，唐玄宗挽回了面子，很是高兴。

俗话说，“打江山容易守江山难”。开创了“开元盛世”之后，上了年纪的唐玄宗渐渐荒废政事，没有了励精图治的精神，宠幸杨贵妃，沉溺于歌舞享乐之中。宰相张九龄等因直言进谏先后被罢官，李林甫和杨国忠先后掌权，朝堂政治黑暗，地方藩镇拥兵自重，越来越不把朝廷放在眼里。天宝十四年（公元 755 年），安禄山看到大唐气数渐尽，于

《明皇弈棋图》

（明）佚名 收藏于美国弗利尔美术馆

27厘米×105.6厘米。

范阳发动叛乱。安禄山本姓康，名轧荦山，营州柳城（今辽宁朝阳）胡人，因抗击契丹有功，深得玄宗重用，身兼平卢（治营州，今辽宁锦州市西北）、范阳（治幽州，今北京）、河东（治太原府，今山西太原）三镇节度使。安禄山的这次造反是有内应的，他和国舅杨国忠勾结，以奉密旨讨伐为名，挥师南下，很快攻下潼关，进而占领了唐朝都城长安。唐玄宗眼见大好江山被夺，却又无能为力，只能仓皇奔逃。逃到马嵬驿（今陕西平西）时，随行将士哗变，诛杀杨国忠。为了保住自己，玄宗不得不缢死杨贵妃。唐玄宗在成都避难时，太子李亨逃到朔方（今宁夏灵武西南）即帝位，是为肃宗，迫使唐玄宗退居太上皇位。

安史之乱荼毒了大唐百姓八年之久，大唐从此衰落。退位后的唐玄宗也在冷清的幽禁生活中郁郁而终，弥留之际他是否反省过，对于大唐这盘棋局，是不是自己太过于自信了。

《弈棋仕女图》

（唐）佚名　收藏于新疆维吾尔自治区博物馆

绢本设色画，出土于阿斯塔那张氏家族墓 187 号墓。画面描绘的是一个妇女正聚精会神地对弈的场景，与之对弈之人的图面缺失。

遍访佳局的棋待诏

唐代棋坛上的第一国手当属王积薪，他生于武则天在位时期，父母早亡，家境贫寒，自幼以砍柴谋生。王积薪本名已不可考，但他干活十分勤劳，每天砍下的柴草堆积成一座座小山，因而人们唤他为“积薪”。

唐朝时佛教盛行，全国寺庙很多，庙中僧人闲来无事，常常聚在一起下围棋。王积薪打小就对围棋很有兴趣，他上山砍柴遇到僧人下棋，都要放下柴担，在一旁观摩。就这样，慢慢地他学会了下棋，并渐渐能和僧人对弈。僧人见王积薪聪明好学，便把自己保存多年的棋图和《弈棋经》交给他，鼓励他认真学习，争取更上一个台阶。从此王积薪棋艺大进，乡里再也找不到对手。僧人见此情形大喜，为了让他的棋艺更进一步，又送上路费，让他到城里去找高手较量。

拜谢僧人后，王积薪骑着僧人送的马踏上了求学之路。他听说国手冯汪在太原的围棋擂台赛中所向披靡，便决心前去与其较量一番。途中遇到会下围棋的人，他也从不放过研习的机会，每次都要与人切磋数局，一路上竟未有对手。

到了太原县尉府上，王积薪比赛心切，顾不上休整，就与冯汪在府中的金谷园内对阵起来。双方连战九局，激烈惊险，高潮迭起，王积薪先以二比四落后于对方，但后来连胜三局，以五比四取得胜利。唐代诗人韩偓以“眼病休看九局棋”的诗句来形容当时精彩激烈的争斗场景。后来王积薪在《金谷园九局图》一书中，对这九局棋做了一个回顾，并加以评注，这本书也成为棋史上流传百世的经典论著。

战胜冯汪后，王积薪名声大振，命运也因此得到了改变。燕国公张说知道他的棋力后，特地召他到家里当了一名棋客，不久又推荐他进入翰林院，做了棋待诏，在宫中陪皇帝和皇子们下棋。担任棋待诏一职时，他花了大量时间总结了前人和自己的对局经验，撰写了不少棋书，其中最著名的就是《十诀》：一、不得贪胜；二、入界宜缓；三、攻彼顾我；四、弃子争先；五、舍小就大；六、逢危须弃；七、慎勿轻速；八、动须相应；九、彼强自保；十、势孤取和。这本书也被以后历代棋手奉为金科玉律。王积薪还著有《棋诀》三卷、《凤池图》一卷。

王积薪成名后，依然谦虚好学。他每次外出游玩，身边总带着一个竹筒，里面放着棋子和纸画的棋盘。他常把竹筒系在马车的辕上，途中不管遇见谁，哪怕是平民百姓，只要会下棋，都要下马来与其对弈一盘。如果赢了他，还可以享用他款待的一顿佳肴。《云仙杂记》记载：“王积薪每出游，必携围棋短具，画纸为局，与棋子并盛竹筒中，系于车辕

《郊外游春图》

（明）仇英

图中在一片山林间，河水流淌，桃花盛开，一富家文人身骑骏马，与两童子正经过桃林，前去春游。画中骑马公子和童子皆向后看向另一正在过桥的童子，似有言语间的交流。

《蜀山栈道图》轴

（五代）梁关仝　收藏于中国台北『故宫博物院』

纸本设色，纵 140.4 厘米，横 66.6 厘米。关仝画作笔法简劲，气势极壮，图中表现出峡川一带山川的特点和雄伟气势。

马鬣之间。道上虽遇匹夫，亦与对手。胜则徵饼饵牛酒，取饱而去。”

王积薪棋艺超常，民间常有人认为他一定是得了神仙私授棋艺，因为出身贫寒的他根本没有条件拜师学艺。但是王积薪初学下棋时并不出色，只是他坚持不懈，毫不气馁，日思夜想的都是如何下好围棋，即使在睡梦中，心里所想的还是棋式的各种变化。相传，有一天夜里，王积薪梦见一条青龙盘旋于屋顶之上，龙嘴一张，吐出了九部棋经。王积薪赶快跳起来，将九部棋经反复诵读，直到内容烂熟于心。后来龙走书消，王积薪从梦中惊醒。王积薪赶紧按照梦中的记忆，把棋经中的内容默写了出来，从此每天废寝忘食地钻研，进步神速。

“安史之乱”期间，王积薪曾入蜀避难。蜀道素有“难于上青天”之说，到处高山峻岭、悬崖绝壁。地势虽然险峻，但青山绿水，白云缠绕，也恰似人间仙境。一天，王积薪沿着山路缓步独行，不知走了多久，天色已晚，他只得前往深山中的一户人家借宿。王积薪敲门进屋，见这家只有婆媳二人，男人不在，便不好开口，无奈地站在屋外。哪料那婆婆却善意地留他借宿，不过要他在屋檐下睡觉。

王积薪独自卧在屋檐下，不忘思考着自己平时尚未弄明白的一些棋局。突然，他听见屋里的婆婆邀请媳妇下棋，以消遣这山里孤寂的漫漫长夜。王积薪很是好奇，却不见灯亮，二人也未起来并坐在一屋。正纳闷间，东屋的媳妇开口说：“东五南九路。”西屋的婆婆马上回应：“东五南十二路。”王积薪这才明白，她们是在下盲棋。他发现婆媳的着法都是一些从来没有见过的奇着，赶紧暗自记录下来。后来下到第三十六着，媳妇告负。第二天辞别时，王积薪向她们请教了夜里的棋局，并征得她们同意，取名为“邓艾开蜀势”。

棋艺非凡的王积薪曾经刊订过许多棋谱，但是经过多次战乱，这些棋谱都已失传了，只有他后来创造出的“一子解双征”的奇妙着法保存在宋代李逸民所著的《忘忧清乐集》中，作为他的文化遗产流传至今。

唐宫中的中日之战

唐玄宗李隆基在位时期，中国围棋发展到了顶峰，常有外国爱好者来中国学习下棋，其中以日本棋手来往最为活跃。玄宗本人也十分热衷于这类交往，曾多次召见日本来的僧人、留学生，并与之对弈。

公元 701 年左右，李隆基屡屡召见随日本遣唐使入唐的日本学问僧辩正。因为辩正擅长围棋，李隆基经常和他切磋棋艺。辩正虽然与唐玄宗多次交手，但为中日围棋交流做出最大贡献的是日本著名棋手吉备真备。开元五年（公元 717 年），吉备真备随第九次遣唐使团来到长安，这个遣唐使团规模浩大，共五百五十七人，其中有有阿倍仲麻吕（晁衡）、玄昉等著名人物。吉备真备自己也没想到会因为围棋留在长安，而且一住就是 17 年。

日本有关吉备真备下围棋的故事很多，几乎家喻户晓。日本镰仓时期画家据此绘制了《吉备大臣入唐图》，此图与日本奈良正仓院的古棋盘（相传是八世纪时日本圣武天皇接受唐朝皇帝的礼品）同被视为国宝。日本有一出歌舞伎，讲的就是吉备真备在中国下棋的传说。这部戏的剧情说的是，唐朝皇帝玄宗让唐朝国手玄东与吉备真备下棋，两人杀得难解难分，玄东的夫人在旁边看出玄东的棋势不妙，十分着急。她想给丈夫提个醒，可又怕皇上看到。情急之下，她偷偷将吉备的一个棋子吞咽下肚，吉备假作不知。后来吉备真备遇到政治上的麻烦，还是借玄东之力方才化险为夷。这一段故事在中国的史籍上没有记载，但吉备在长安曾经广泛地和人下棋对弈却是不争的事实。吉备真备在日本国民心中，就是一位从事中日围棋交流的先驱，也是最早将围棋在日本发扬光大的人。

除了吉备真备之外，还有一个日本国王子来中国挑战围棋高手的传说故事，也是发生于唐代。唐宣宗大中二年（公元 848 年），中日围棋交流又一次达到高潮。棋待诏顾师言与日本国王子比赛的重要事件就是在这一年发生的，这是中日两国在围棋史上的首场争霸战。

对这场关系大唐声名的争霸赛，《杜阳杂编》记载说：表面谦逊的日本王子执意要和唐朝的高手对弈，唐宣宗难拂远客之意，就命唐宫中的顶尖高手、棋待诏顾师言与他一战。这一局棋，顾师言猜到白子先行（唐代围棋白先黑后）。顾师言开始根本没有把日本王子看在眼里，他觉得日本人在围棋上是中国的学生，实力肯定在他之下。一开局，顾师言应对得很随意，轻轻松松就占了上风。日本王子不急不躁，谨慎小心。他瞅准时机，悄悄地在顾师言的前面下了套。顾师言大意轻敌，逐渐被引入套中。到第 32 着时，日本王子“啪”的一声，把一颗棋子

▶《下棋图》
[日]铃木春信　收藏于美国纽约大都会艺术博物馆
28.3厘米×20.6厘米。

《围棋图》
[日]久保顺曼　收藏于美国纽约大都会艺术博物馆
20.2厘米×18.3厘米。

鈴木春信画

拍到棋盘上，然后将两臂抱在胸前，得意地盯着顾师言微笑。顾师言仔细一看棋盘，才知道大事不好，冷汗顿时就下来了。原来，由于自己的疏忽，白子已成被两征之势，围魏不能救赵，顾此必然失彼，心中不禁连叫“苦也”！要知道，这是和日本人下棋，一旦输棋，就有辱君命，更有损大唐的国威。

顾师言凝神静气，苦思对策。俗话说：“智者千虑，必有一失。”日本王子一心只顾围捕对方，不留意把自己棋势中的一个漏洞也暴露了出来。顾师言一眼看到，故意不露声色。等时机成熟后，顾师言猛然抓住这一致命的破绽，把棋子轻轻落到棋枰上，下出了弈林中的千古奇招——“一着解双征”的镇神头势。此着一下，日本王子仿佛被蛇咬了一口，脸色骤变。没想到刚才还是密不透风的棋势，一下子如决堤之水，一泄千里，无法收拾。他绞尽脑汁想了许久，仍然没有补救之策。用《杜阳杂编》上的话说就叫“瞪目缩臂，以伏不胜”。日本人的心气高，不肯轻意言输，无奈之下，就想找个借口，挽回面子。他回顾唐宫中的鸿胪（唐代外交官），问顾师言棋品可列第几。鸿胪诡笑，答称“第三手”。王子请求会见大唐围棋第一人，鸿胪诈称：“敝国规矩，胜了第三方能见第二，胜了第二方能见第一。阁下不能胜第三，这个……”日本王子听了，争强好胜之心顿时烟消云散，叹了口气说：“小国的第一，还比不上大国的第三，真没想到竟会如此。”

这个中日围棋争霸故事的真实程度如何，围棋史家们争论纷纷。《杜阳杂编》的作者苏鹗是唐僖宗光启年间进士，唐朝人记唐朝事，应该有一定的准确性。另外，这场对局《旧唐书·宣宗本纪》上也有记载：“日本国王子入朝贡方物，王子善棋，帝令待诏顾师言与之对手。”只是对弈的过程和结果，作为正史的《旧唐书》没有说。《杜阳杂编》是笔记，也就是杂谈一类的作品，把对弈过程文学化、艺术化，完全是有可能的。所以，“小国之一，敌不过大国之三”云云，很可能是爱国小说家的戏说之言。故事虽然没有这么神奇，但这一次对局中的千古奇着——镇神头势，在我国明朝的《萃弈搜玄》及《万汇仙机》等棋谱中都有记载，无论如何，围棋扬我国威的功能，使它的独特品性愈发显得独具魅力。

善弈的宋太宗

宋太宗赵光义是宋太祖赵匡胤的弟弟，是北宋第二位皇帝。据《通志》《宋史·艺文志》及《皇朝类苑》记载，宋太宗喜好围棋，通晓围棋中的虚势与实地、先手和后手、进攻和防守之间的关系及其处理的方法。太宗在处理朝政之余，还撰写围棋著作，著有《棋图》一卷、《御制角局图势》数卷。可惜这些出自皇帝御笔的围棋著作现已亡佚。

宋太宗有“善弈”“绝格”的美誉，在朝堂之上，他常常做些“棋势”（即死活图势）考朝臣们。太宗所做的最有名的三个棋势分别是“对面千里”“独飞天鹅”和“海底取明珠”。他的棋势深奥难懂，宋代诗人王禹偁以“天机秘密通鬼神”对这三个棋势做了评价，可见宋太宗对围棋的钻研之深。

当时，民间有一个称霸棋坛数十年的棋手，叫贾玄。贾玄是个下棋的天才，少年时就能把号称国手的棋士打败。宋太宗听说他的名气后，就把他召进宫来，封为棋待诏。贾玄进宫后天天和高手切磋，棋艺更加精湛。他的棋神出鬼没、千变万化，和他下棋的人无不对其棋艺水平佩服得五体投地。贾玄下棋有个绝招，那就是可以随心所欲地掌握局面，说输一子就输一子，说赢二目绝不赢三目，连宋太宗都夸他是一个围棋奇才。其实贾玄的这个绝招是让皇帝逼出来的。他进宫之前，就知道前朝有棋待诏因弈棋被皇帝赐死的事情。他明白宫里那些有权有势的人专横跋扈惯了，都有极强的好胜心，不肯轻意言输。他和宋太宗下棋时，总是小心翼翼，不能赢得太多，也不能输给太宗太多。太宗也是围棋高手，如果让他看出自己故意输棋，落个欺君之罪，那还不马上人头落地！于是他每盘棋都做出力尽才竭的样子，只输一二子，总能博得太宗一笑。

宋太祖赵匡胤像

选自《宋代帝半身像》册　佚名　收藏于中国台北『故宫博物院』

赵匡胤（927—976）崛起于乱世之中，是宋朝开国皇帝。在『陈桥兵变』中被拥立为皇帝。他结束了割据混战的局面，进一步实现了华夏地区的统一。建立宋朝后，他十分重视经济、文化的发展，同时轻徭薄赋，各行各业都得到了发展，实现了社会的繁荣发展，史称『建隆之治』。

解裘赐将

选自《帝鉴图说》法文外销画绘本（明）佚名 收藏于法国国家图书馆

宋太祖赵匡胤命人将自己的冬装送去远征伐蜀的王全斌将军的军营中，以表挂念。

碎七宝器

选自《帝鉴图说》法文外销画绘本（明）佚名 收藏于法国国家图书馆

宋太祖赵匡胤将后蜀主孟昶嵌满宝石的便器打碎，并以此为鉴，杜绝奢靡。

受言书屏

选自《帝鉴图说》法文外销画绘本 （明）佚名 收藏于法国国家图书馆

宋太祖赵匡胤将国子博士王昭素的话『治世莫若爱民，养身莫若寡欲』刻于屏风，以时时提醒自己清心寡欲、勤政爱国。

戒主衣翠

选自《帝鉴图说》法文外销画绘本 （明）佚名 收藏于法国国家图书馆

宋太祖赵匡胤杜绝宫内的奢侈风气。翠衣是用翠鸟的羽毛制成。太祖之女永庆公主曾穿翠衣入宫，太祖见了让她脱下，并说不要再这样装饰衣服。他怕众人效仿公主而导致翠鸟被大量捕杀。

宋太宗棋下得虽然不错，但他也自知比不上贾玄。他早就看出贾玄故意输棋，可既然贾玄心甘情愿，他也不点破，乐得收下这个顺水人情。但是，时间一长，赢得太多了，宋太宗便觉得没什么意思了。

有一天，宋太宗对贾玄说："今天这盘棋，你要是赢了，我有赏赐，要是输了，就命人打你大板。"贾玄暗自害怕，赶紧拍马屁说："实在是陛下棋艺非凡，我争取这盘不输。"一局结束后，是和棋，宋太宗哭笑不得。又下了一盘，还是和棋。这次宋太宗不高兴了，对贾玄说："你被世人称为'棋王'，却连我都赢不了，再下一局，再不赢我就把你扔到护城河里！"又下一局，还是和棋，宋太宗彻底怒了。正当要命人来拿贾玄，贾玄赶紧拿出刚才数子时藏在手里的一枚棋子。宋太宗看了，心想这贾玄真是下棋的奇人，竟然能把棋下到随心所欲的地步，也就放

宋太宗赵光义像

选自《宋代帝半身像》册　佚名　收藏于中国台北「故宫博物院」

赵匡胤之弟，宋太祖赵匡胤驾崩后，登基为帝。继续推行改革，亦曾亲征北汉等地，结束了五代十国割据混战的局面。

竟日观书

选自《帝鉴图说》法文外销画绘本 （明）佚名 收藏于法国国家图书馆

宋太宗赵光义读书勤勉，不懈怠，每日都要看很多书来充实自己。

引衣容直

选自《帝鉴图说》法文外销画绘本 （明）佚名 收藏于法国国家图书馆

宋太宗在位时，任用寇准为官。寇准耿直敢言，如同唐太宗时期的魏征，是宋太宗的得力助手。

过了他。从此，太宗更加看重贾玄。

从宋太宗与贾玄下棋的故事中，可以看出宋太宗是真喜欢下棋的人，也说明了“棋逢对手”的重要性。

与贾玄同时代的棋手中，还有一个因下棋而被宋太宗赏识的人，名叫郭赟。郭赟原本是个平民百姓，根本无意取悦皇上。有一天，郭赟正在庙里与和尚下棋，忽听得外面呼喊：“南衙大王（宋太宗未当皇帝时的爵位）来了。”郭赟胆小，连摆在庙里供桌上的棋局都没顾上收拾，就慌忙躲到了桌子下面。太宗进庙后，发现了这盘棋局，细看发现，局面开阔，气魄雄大，招式轻灵多变，思路浑圆，十分赞叹，就问和尚是跟谁下的棋。和尚把郭赟从桌底引出来，郭赟战战兢兢跪在太宗面前。太宗问他写过什么诗文，郭赟恰好有诗稿放在桌上，便取来给太宗。诗稿第一篇里有这么两句：“高低草木芳争发，多少龙蛇眼未开。”太宗看后大夸，便让郭赟做了他的随员。之后，太宗当了皇帝，郭赟也做了“随龙思命官”。十年后，郭赟官至“公辅”，也算因棋而贵。

当时有个降宋的吴越国王，名叫钱俶，酷爱围棋，宋太宗便下旨赐他棋盘、棋子来消磨时间。据《宋史·钱俶传》记载，所赐的分别是“楸棋局”和“水晶棋子”，堪称宫中奇珍。宋太宗爱屋及乌，因为自己喜欢下棋，对善弈者都能厚待。

棋会中的高手

“棋会”即公开的围棋比赛，它最早出现在宋代，有点像我们今天的围棋大赛。北宋的刘仲甫就是在哲宗、徽宗时的棋会中声名大振，成为了一代高手。

刘仲甫字甫之，宋哲宗时入宫任棋待诏，以棋风凌厉著称于世。他入宫以后，曾雄霸棋坛二十余年，朝廷内外能与之较量者寥寥无几。对于刘仲甫超凡的棋艺，宋代成书的《春渚记闻》中就有详尽的记载：有一次刘仲甫旅居钱塘，他不游山玩水，也不看名胜古迹，而是每天早早到钱塘的棋馆，观看钱塘高手对局。看了几天后，对钱塘棋手的招式步数都已熟悉。有一天，他忽然在旅馆门外树起一面招牌，上书“江南棋客刘仲甫，奉饶天下棋先”，向当地棋手提出挑战，并出银三百两为赌注。招牌一出，一时观者如潮，议论纷纷。钱塘高手个个不服，准备在擂台上和这个不知天高地厚的外来客一试高下。

第二天，钱塘众富户也凑齐赌注三百两，在城北紫霄楼摆开棋局，请刘仲甫与本城棋品最高者对弈。弈至五十着，刘仲甫似处处受制，对方则洋洋得意，以为胜券在握。刘仲甫并不为所动，仍然稳扎稳打。又过二十着，刘仲甫突然一推棋子站起身不下了。众人不解，纷纷指责他怕输了棋，故意把棋局搅乱。刘仲甫一边慢腾腾地往棋盒内捡棋子，一边对众人解释说："我从五岁就开始学棋，后遇一位棋界高人，自此棋艺大进，成为国手。我早就听说钱塘人杰地灵、高手如云，所以千里迢迢赶来钱塘一试身手。人们把钱塘的棋馆视为北上入都的关口，棋手为了验证自己的实力，都要与这里的高手切磋一翻。这几天我一直在棋会观棋，钱塘棋手的品次我已经了然于胸了，所以才出了这个招牌。现在，就让我为诸位剖析我这几日看过的棋局。"

说完，刘仲甫便在棋盘上摆开几天来这里有过的对局，边摆边讲，如某日某人某局，本来白棋要赢了，它是在什么地方失手的；某日某局，黑方已经有了胜势，是什么地方出的漏洞……一连摆下七十余局，无一路差错，而且讲得有理有据，分析得头头是道、无懈可击，说得大家心服口服。

不过众人还是不明白刚才他为什么要搅乱棋盘。他便凭着记忆摆出棋局，对众人说："此局大家都以为黑棋已稳胜，其实不然，白棋自有奇着，而且可胜十余路。"说罢，他在最不起眼处下了一子。众人都不解此着有何用处，刘仲甫解释说："这手棋待二十着后自有妙用。"果如刘仲甫的预言，棋下二十着，恰恰相遇此子，盘面局势顿时大变。至终局，白棋竟胜了十三路。刘仲甫于是棋名大振。

刘仲甫独霸棋坛足有二十余年，能和刘仲甫一争高下的只有当时的祝不疑、晋士明、王憨这三位棋手。

《夏墅棋声》轴

（元）佚名　收藏于中国台北『故宫博物院』

132.8厘米×79.8厘米。

嘉靖丙戌中秋日北莊周臣寫

《松窗对弈图》轴
（明）周臣　收藏于中国台北『故宫博物院』
84.2厘米×132.2厘米。

刘仲甫和祝不疑第一次下棋，并不知祝的姓名，但祝的棋招让他一下子对其另眼相看。绍圣元年（公元 1094 年），祝不疑进京去礼部办事，同乡知道他爱棋，便把他拉到寺庭里观国手下棋。正巧这天刘仲甫也在那儿，于是有了两位高手的第一次交锋。祝不疑因为刘仲甫的名气太大，要求他让子，刘仲甫却说："非高手不到这里下棋，在这儿下棋是对子才行。连先后都还得争呢！"话虽如此，最后还是刘仲甫让先。这盘棋下到终局，祝不疑负三目。这时祝不疑又要求让子，他说："现在我输了，我实力不如你，是不是可以让子了？"刘仲甫自以为试出了祝不疑的棋力，就说："我看你的棋，开始阶段走得很好，要照这样下，我是不能让先的。可惜后来不怎么理想。你如果还这么下，我让五子也可以，岂止是让先。"看着自以为是的刘仲甫，祝不疑淡淡一笑，双方再次落子。刘仲甫越下越觉出对手不是等闲之辈，下到三十余子，刘仲甫突然停下，拱手问道："官人贵姓？家住何处？"祝不疑的同乡忙回答道："他是信州的李子明。"刘仲甫将信将疑地说："我虽不出京城，但天下有名的棋手我都知道。这几年，听说衡州有位祝不疑，棋力甚强。听人说他今年秋天被州府推荐，进京做官了，不知你是否认识此人？"祝不疑想先下完棋再说，所以没有回答。棋下到一半，胜负未见分晓，刘仲甫因为和朋友有约会，急着要走。他有点抱歉地告诉祝不疑："这盘棋没下完，以后有机会，我一定登门拜访，我们再接着下。"在路上，刘仲甫又问身边的人，刚才那个人是谁，有人告诉他说是祝不疑。刘仲甫感叹地说："果然下得好棋。"

那次隐姓埋名的对弈是刘仲甫和祝不疑唯一的交锋，后来刘和祝相遇多次，但从不下棋，这是让人感到奇怪的事情。有人推测说，也许那次刘仲甫已看出祝不疑棋力不凡，怕下不过他，毁了自己在棋坛的声名，故才如此。

除祝不疑外，王憨与晋士明也对刘仲甫构成了威胁。《铁围山丛谈》里写道：“有棋手王憨者，以其能迫仲甫，未几而痛心死。”后起之秀晋士明也是刘仲甫的劲敌。政和元年（公元 1111 年），刘仲甫听说晋士明棋技高明，左右纵横，神出鬼没，很有特点，便主动找他对局，结果连吃败仗。那时，年轻的晋士明才 28 岁，但棋力已在刘仲甫之上。祝不疑、王憨、晋士明等高手的出现，使刘仲甫独霸棋坛的局面就此结束。

祝不疑等人虽然厉害，但综合起来看，刘仲甫的棋艺还是最高的，《宛委余编博物志》就评价说，宋朝时，继唐朝王积薪而棋品最高的，要算江南的刘仲甫。

王世贞在《弈问》中认为，刘仲甫高于王积薪，确是水平问题。而祝不疑、晋士明高于刘仲甫，则是利用了刘的弱点，况且，刘仲甫那时年事已高，祝、晋二人则是风华正茂之时。长江后浪推前浪，宋代围棋的发展正因这些人的努力而走向高潮。

六一居士

欧阳修与围棋的缘分也不浅，他自号“六一居士”，这“六一”中之一便是围棋。

欧阳修字永叔，号醉翁，庐陵（今江西永丰）人，是北宋卓越的文学家、史学家和政治家。欧阳修是北宋的文坛领袖，也是一代名相。他四岁丧父，家贫无隔夜之粮，母亲无钱供他上学，便自己教他识字读书。买不起纸笔，欧阳修就用草秆在地上写字；无钱买书，他就向别人借书读。欧阳修 22 岁考中进士，开始为官。他任参知政事等期间，公正廉明，提拔多位有真才实学的官员，曾巩、王安石、苏轼都由他举荐而受到重用。

欧阳修一直用围棋中博大精深的哲理指导自己的为官做人之路。《潜确居类书·僧宝传》里有段记载说，欧阳修听说有位德行高尚的法远和尚住在浮山上，就亲自上山去拜访他。可见面后，欧阳修大失所望，因为这个和尚并不是他想象中的样子。从外表上看，法远和尚没什么与众不同之处。欧阳修觉得很扫兴，便与一来客下棋消遣，法远和尚也不说话，只在一旁观看。下着下着，欧阳修突然停住不下了，转过身去，请法远和尚就围棋之道讲解人生哲学。法远和尚并不慌张，击鼓，升座，在香烟袅袅之中开言道："肥边易得，瘦肚难求，思行则往往失粘，心粗而时时头撞。休夸国手，谩说神仙，赢局输筹即不问，且道黑白未分时，一着落在什么处？"停了许久，法远和尚又说："从来十九路，迷悟几多人？"听到法远和尚讲出如此高深的哲理，欧阳修连连点头，佩服不已。

欧阳修不贪图富贵，不迷恋官位，到了晚年积极推荐新人从政。欧阳修总是以一种平静的"中和"来对待人生，他从60岁开始就上书皇帝，请求致仕（退休），到65岁时才被批准退下来。据说苏轼听到他

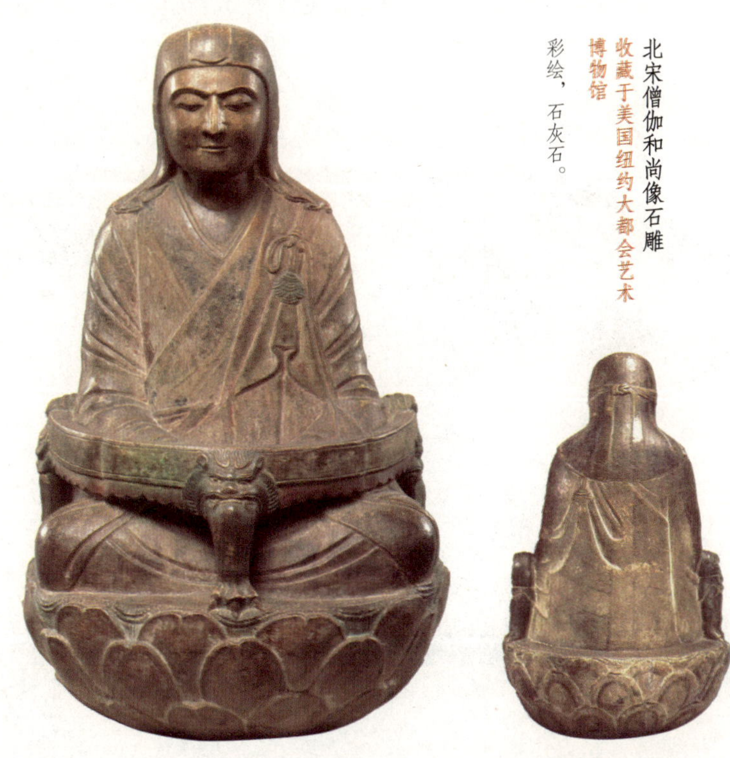

北宋僧伽和尚像石雕
收藏于美国纽约大都会艺术博物馆
彩绘，石灰石。

《聚贤听琴图》（明）董其昌　收藏于美国明尼阿波利斯艺术馆

致仕的消息后，马上发来一封贺信。人们觉得这事难以理解，从来祝贺之事都是立功、升迁，哪有庆贺退位之理？而苏轼则认为这事值得庆祝：历来士大夫总想保住位子，以延富贵，谈到致仕，大都是说说而已，其实并不想退。而欧阳公则做了他人难以做到的事，真乃奇人、真人、贤人也。欧阳修对待官位的做法，正体现了他与众不同的高尚人品。

宋景祐三年（公元 1036 年），范仲淹因为主张除积弊、行宽简的革新政策而得罪保守派，被贬饶州。为人正直的欧阳修上疏为他分辩，据理力争，结果也遭降职调任的处分，被调到远离京城几千里的峡州夷陵当县令。

欧阳修走水路南下，一路奔波，三个多月才到任所。沿

▶ 围炉观书

选自《胤禛行乐图》册 （清）佚名 收藏于北京故宫博物院

画中描绘胤禛（雍正帝）身穿汉人服装，在热腾腾的火盆旁读书。画中一侧的多宝柜内放置着文人雅士喜好的珍贵的诗书字画，画面右前方摆放着茶具和食盒，展现出极舒适的空间感。

《横琴高士图》轴

（元）任仁发 收藏于中国台北「故宫博物院」

绢本设色。146.3 厘米 ×55.8 厘米。

《独乐园图》卷
（明）仇英　收藏于美国克利夫兰艺术博物馆
32厘米 ×1290.2厘米。画面是以宋代司马光的《独乐园记》为题材，依次描绘了弄水轩、读书堂、钓鱼庵、种竹斋、采药圃、浇花亭、见山堂等画面。

途所见所闻被他记录在《于役志》中，提到“壬寅出东水门。泊舟不得，岸水激舟，横于河，几败，家人惊走。登岸而避，遂泊亭子下，损之来，弈棋饮酒，暮乃归”及“遂至楚州，泊舟西仓，始见安道于舟中……与安道弈”，贬谪途中，苦闷之余，也以下棋为乐。欧阳修很喜欢下棋，有诗曰：“夜凉吹笛千山月，路暗迷人百种花；棋罢不知人换世，酒阑无奈客思家。”夷陵是个人烟稀少之地，娱乐活动不多。公务之余，欧阳修多以琴棋为乐，有故友和慕名而来的学子，碰上会下棋的，也时常与其手谈数局。

欧阳修很讲究下棋的环境。他在官舍旁边，专门修了一间棋轩，周围树木葱茏，很是清幽。棋轩建好那天，他写了一首诗记述了自己当时的心情：“竹树日已滋，轩窗渐幽兴。人闲与世远，鸟语知境静。春光霭已布，山色寒尚映。独收万虑心，于此一枰竞。”他还在棋轩北面亲手栽了两株楠木，以楠木的高尚品格勉励自己。在赠棋友的诗中他写道：“为怜碧砌宜佳树，自劚苍苔选绿丛。不向芳菲乘开落，直须霜雪见青葱。披条泫转清晨露，响叶萧骚半夜风。时扫浓阴北窗下，一枰闲且伴衰翁。”欧阳修直至37岁那年，才被召还京师。在近十年的被贬生涯中，他先后担任过夷陵县令、乾德县令、滑州通判等。欧阳修回京后，宋仁宗很赏识他的才华，破格录用他为“知制诰”，仍供谏职。谁知两年后，朝堂之上风云再起，杜衍、韩琦、范仲淹、富弼等贤臣相继遭排挤，欧阳修愤然上书。朝中本来就多有对欧阳修不服的小人，再加上他平时刚直不阿的性格，又得罪不少人，这些人趁机落井下石，纷纷上奏章弹劾他。皇上虽然赏识他，可众口烁金，欧阳修最后还是被调任滁州太守。

又一次被贬，又一次风尘仆仆千里赴任，欧阳修虽然心里苦闷，可沿途多有故旧迎送，时而还有棋友邀留，让欧阳修在郁闷中得到了几分快慰，尤其是棋友纹枰对坐，愉悦的心情更是让他难以忘怀。他所写的诗作《西征道中送陈舅秀才北归》《刘秀才宅对弈》《舟中寄刘秀才》和《南征道中寄相送者》等篇章，都是在这种心情下完成的。

欧阳修在滁州结识了不少围棋爱好者。他们经常在一起切磋棋艺，棋兴高涨时，就忘了欧阳修是个太守，彼此之间互开玩笑，开怀大笑。这些情节，在欧阳修的散文《醉翁亭记》中也有描述。《醉翁亭记》文笔优美，流传极广。后来常有人误解，认为欧阳修贬官到滁州，忘情山水，在醉翁亭上宴饮、弈棋，真的是快活如意、逍遥自在。其实并非如此，欧阳太守的心情，后人又有几个能解呢?

精通音律的太常博士沈遵读了《醉翁亭记》后，感于文中所写的美景，特意到滁州琅琊寻访胜地，他“闻而往游焉，爱其山水，归而以琴写之，作醉翁吟一调”。欧阳修听说后，向沈博士赠诗以倾吐心声，其中《赠沈博士歌》写得十分动情：“我昔被谪居滁山，名虽为翁实少年……国恩未报惭禄厚，世事多虞嗟力薄。颜摧鬓改真一翁，心以忧醉安知乐？”显然，醉翁并不曾醉：他的头脑是清醒的，而心情是忧伤的。在如此大的政治打击之下，他不顾个人的不幸，犹怀精忠报国之心，与范仲淹的“处江湖之远，则忧其君”可谓志同道合。后来，怀着一颗忧国忧民之心的欧阳修再次受到朝廷起用。

欧阳修是一位著述颇丰的文学家、史学家，主修了《新唐书》《新五代史》。他在总结历史经验时，曾以从围棋中悟出的哲理做出解释。他说“盛衰之理，虽曰天命，岂非人事哉”，“治国譬之于弈，知其用而置其处者胜，不知其用而非置其处者败。败者临棋注目，终日劳心，使善弈者视焉，为之易置其处则胜矣。胜者所用，败者之棋也……”这段精妙论述，深为后世史家称道。

欧阳修晚年官至枢密副使、参知政事、太子少师，神宗熙宁五年（公元 1072 年）卒于家，谥文忠。

懂棋不恋的王安石

王安石是北宋著名的政治家，很有政治才能和政治抱负。二十岁那年，王安石考中进士，历任扬州签判、鄞县知县、舒州通判等职，政绩显著。在任鄞县知县时，正逢那里旱灾严重，百姓生活十分贫苦，王安石大兴水利、改善交通，把当地治理得井井有条，深得当地百姓爱戴。宋神宗熙宁二年（公元 1069 年），王安石被升为参知政事，次年拜相。当了丞相后，他积极推行变法，一定程度上改变了北宋当时积贫积弱的局面，史称“王安石变法”。后来，变法因保守派的抵制而流产，不久他也郁郁而终。

北宋多善弈者，优秀棋手层出不穷，王安石也是其中一位。据宋释惠洪《冷斋夜话》载，有一次，王安石与薛昂下棋，两人商定谁输谁写一首梅花诗。结果薛昂输了，可他苦思冥想了半天也没写出一句。王安石无奈之下就代他写了一首。后来，薛昂去金陵做官时，有人就这事写诗嘲笑他："好笑当年薛乞儿，荆公（即王安石）座上赌新诗。而今又向江东去，奉劝先生莫下棋。"

王安石为人耿介，与他在政治上的严苛态度相比，他对下棋的输赢要洒脱得多。在他写的《棋》一诗中，他说："莫将戏事扰真情，且可随缘道我赢。战罢两奁分黑白，一枰何处有亏成。"可见，他认为不能因为下棋而荒废了正事，下棋对于他来说只是消遣的游戏。蔡正孙在《诗林广记》中也说："荆公棋品殊下，每与人对局，未尝致思，随手疾应。觉其势将败，便敛之，谓人曰：'本图适性忘虑，反苦思劳神，不如且已。'观此诗，则'图适性忘虑'之语，信有证矣。若鲁直（黄庭坚）于棋则不然，如'心似蛛丝游碧落，身如蜩甲化枯枝'，则苦思忘形，较胜负于一着，与介甫异矣。"可知，对于下棋，黄庭坚要比王安石较真。

《冷斋夜话》也载："荆公在钟山，有一道士来访，因与棋，辄作数语曰：'彼亦不敢先，我亦不敢先，惟其不敢先，是以无所争，故能入于不死不生。'荆公笑曰：'此特棋隐语也。'"这种"不争"的态度，或多或少也说明了士大夫在下棋时重情的一面。明代的刘仲达持相反态度，他认为"王荆公与人对弈，未尝致思，其势将败，辄以手乱局"的做法，有点对人不对己的不厚道。

王安石为规劝对围棋过于狂热的好友叶致远，在长诗《用前韵戏赠叶致远直讲》中写道："经纶安所施，有寓聊自惬。棋经看在手，棋诀传满箧。坐寻棋势打，侧写棋图贴。携持山林屐，刺擿沟港艓。一枰尝自副，当热宁忘箑。反嗤褦襶子，但守一经笈。亡羊等残生，朽箫何足折。欢然值手敌，便与对匕箸。纵横子堕局，膈膊声出堞。樵父弛远担，

王安石像

选自《人镜阳秋》（明）汪廷讷 收藏于国家图书馆

北宋政治家、文学家，致力于变法图强，官至丞相。

牧奴停晏馌。旁观各技痒，窃议儿女嗫。所矜在得丧，闻此更心惵。熟视笼两手，徐思捻长鬣。微吟静愔愔，坚坐高帖帖。……陷敌未甘虏，报仇方借侠，讳输宁断头，悔误乃批颊。终朝已罢精，既夜未交睫。翻然悟且叹，此何直劫劫。孟轲恶妨行，陶侃惩废业。扬雄有前言，韦曜存往牒。……操具投诸江，道耕而德猎。”在诗中，他先从叶致远的痴迷开始，描写叶致远常携棋具外出，路上遇见敌手，即展局角逐，惹得一帮樵父、牧奴围在旁边观战，竟至“旁观各技痒，窃议儿女嗫”，后劝谏叶致远多在德行上花时间。

王安石劝说的效果如何，我们不得而知，想必嗜棋的人很难改变他的爱好。后来宋代邢居实所著《拊掌录》

《山弈候约图》
（辽）佚名　收藏于辽宁省博物馆
绢本设色。106.5厘米 ×54厘米。

轸念流民

选自《帝鉴图说》法文外销画绘本

（明）佚名　收藏于法国国家图书馆

推行王安石新政时，有些政策扰害百姓，致民不聊生，流民遍地。宋神宗知晓利害后，遂将不利民之政策罢革。

曾评论这件事："叶涛好弈棋，王介甫作诗切责之。终不肯已。弈者多废事，不以贵贱，嗜之率皆失业，故人目棋枰为'木野狐'，言其媚惑人如狐也。"

王安石的一生都在为实现自己的政治理想而斗争，由于他持有"适用"的文学创作观念，所以他的文学创作和政治活动联系非常密切，诗文都具有浓厚的政治色彩，还曾因策论文章写得十分出色而被欧阳修赏识。这些作品针砭时弊，入木三分。如《答司马谏议书》一文，反驳了司马光对新法的指责，言简意赅，态度坚决，表现了他作为一个政治家的铁腕风范。

王安石晚年罢相隐居以后，生活和心情产生了极大的变化，创作了较多的描写湖光山色的小诗，如《船泊瓜州》：

京口瓜州一水间，钟山只隔数重山。
春风又绿江南岸，明月何时照我还。

可见，他早年诗中洋溢的那种政治热情大大减退了，政治态度慢慢地与下棋态度重合了。

晚年王安石依然喜爱下棋，他在《对棋与道源至草堂》写道：

北风吹人不可出，清坐且可与君棋。
明朝投局日未晚，从此亦复不吟诗。

这首诗中一方面说不做官也挺好的，还可以下棋消遣；一方面又说害怕下棋消遣得太久而消磨了出仕的志向，想要毁了棋盘。可见，隐居后王安石仍然心怀政治理想，下棋只是他排遣的手段，所以也就无所谓输赢了。

善写棋诗的苏东坡

苏轼号东坡居士，为“唐宋八大家”之一。苏轼是否会下围棋一直是棋界争论的话题之一，但他写过许多与围棋有关的诗却是不争的事实，尤其是他与黄庭坚关于围棋的应对，脍炙人口，流传甚广。

苏轼曾作有一首《观棋》诗，在诗的序中他说自己并不精通此道，但儿子苏过会下，并说好朋友张中经常到他家和他的儿子下棋，自己喜欢看他们对弈，并看得津津有味。全诗以及序如下：

予素不解棋，尝独游庐山白鹤观。观中人皆阖户昼寝，独闻棋声于古松流水之间，意欣然喜之。自尔欲学，然终不解也。

儿子过乃粗能者，儋守张中日从之戏，予亦隅坐，竟日不以为厌也。

五老峰前，白鹤遗址。
长松荫庭，风日清美。
我时独游，不逢一士。
谁欤棋者，户外屦二。
不闻人声，时闻落子。
纹枰坐对，谁究此味。
空钩意钓，岂在鲂鲤。
小儿近道，剥啄信指。
胜固欣然，败亦可喜。
优哉游哉，聊复尔耳。

在诗中，苏轼交代了自己学习下棋的经过，着重说明他下棋“胜固欣然，败亦可喜”的闲适态度。这一点，考查这首诗的背景也会发现。当时已年过六十的苏轼，被贬海南岛。以当时的交通条件，再加上“此间食无肉，病无药，居无室，出无友，冬无炭，夏无寒泉，然亦未易悉数，大率皆无尔，要想生还故乡已是奢望”。面对这残酷的现实，一向豁达的东坡，也不由在诗中流露出几许凄凉，

《苏东坡像》
（元）赵孟頫　收藏于中国台北『故宫博物院』
纸本水墨，27.2厘米×11.1厘米。
苏轼，字子瞻，号东坡居士，北宋时期著名文学家、书法家。在书法、绘画等方面皆有很高造诣。有《苏东坡全集》和《东坡乐府》等。最出名的古诗词有《赤壁赋》《后赤壁赋》《水调歌头·明月几时有》《念奴娇·赤壁怀古》等。

《柳塘白燕图》

（元）佚名　收藏于中国台北『故宫博物院』

几许无奈："吾始至南海，环视天水无际，凄然伤之曰，何时得出此岛也。"东坡才华横溢，然命途多舛，作此诗，多少也有些在逆境中聊以自慰的意思。

苏轼其余的围棋诗词还有好多，比如他在《与闲山居士小饮》中写道：

一杯连坐两髯棋，
数片深红入座飞。
十分潋滟君休诉，
且看桃花好面皮。

除了写棋诗外，苏轼还写过不少棋词，《阮郎归》就是其中之一：

黄庭坚像

选自《历代帝王圣贤名臣大儒遗像》册　（清）佚名　收藏于法国国家图书馆

黄庭坚，北宋诗人、书法家。字鲁直，号山谷道人，晚号涪翁。宋哲宗时，为秘书丞兼国史编修官，后遭贬。与张耒、晁无咎、秦观并称『苏门四学士』。

绿槐高柳咽新蝉，薰风初入弦。碧纱窗下水沉烟，棋声惊昼眠。微雨过，小荷翻。榴花开欲燃。玉盆纤手弄清泉，琼珠碎却圆。

诗、词之外，苏东坡还与黄庭坚一起作过一副棋联。相传有一日，苏东坡与黄庭坚在松树下对弈，松荫遮地，奇花芬芳。忽然有几颗松子落在棋盘上，苏东坡拾起松子，随口念道："松下围棋，松子每随棋子落。"黄庭坚抬头一看，见湖边有一渔夫在柳下悠闲垂钓，略一沉吟，遂对出下联："柳边垂钓，柳丝常伴钓丝悬。"

这副对子诗中有画，画中有诗，诗情画意，兴味盎然。更难得的是，两句皆是即兴而作，足见两人才华盖世。而如此好的创意，也正是得益于围棋给他们的启发。

第五章 明清棋枰上的高手

『万岁』赏赐的莫愁湖

明代的围棋，又呈现出一番新的面貌，这时相继涌现出无数的名手。明代开国皇帝朱元璋不但好棋，而且善于以棋为对。他结合下棋，和重臣刘基吟诵出许多绝妙的对联，如：“围棋赌酒，一着一酌；弹琴赋诗，七弦七言。”“一角楸枰，寻局中真乐；双奁黑白，得盘底仙机。”此外，千古名句“天作棋盘星作子，日月争光；雷为战鼓电为旗，风云际会”，也出自朱、刘二人之口。这副对子气势恢宏，有王者风范，不知激发了多少豪杰的胸怀。

受朱元璋的影响，明朝开国军事统帅徐达也十分喜欢下围棋。徐达

明太祖坐像

选自《明代帝王像》轴 （明）佚名 收藏于中国台北『故宫博物院』

朱元璋（1328—1398），布衣出身，推翻了元朝统治，是明代的开国皇帝，年号『洪武』。

中山王徐达像

选自《晚笑堂竹庄画传》清刊本 （清）上官周

徐达是明太祖朱元璋幼年的好友，成祖朱棣的岳父，仁宗的外祖父。朱元璋平定天下后，大封诸将为公侯，起初徐达排在李善长之后，但在第二年，朱元璋于鸡鸣山立功臣庙，六月初三日庙成，朱元璋亲定功臣位次，又以徐达为首，次常遇春等二十一人。死后追封中山王，谥武宁，赐葬钟山之阴。

与朱元璋都是濠州人，他比朱元璋小四岁，两人从小交情就很好。徐达从小就有远大的志向。元至正十三年（公元 1353 年），徐达投奔郭子兴的农民起义军，成为朱元璋的部下。从此，徐达跟随朱元璋一起南征北战，立下了汗马功劳。

在鄱阳湖一战中，徐达身先士卒，力败陈友谅军前锋，杀敌一千五百人，使士气大振。至正二十四年，徐达任左相国，后来又引兵攻打庐州、江陵（今属湖北荆沙）、辰州（今湖南沅陵）等地，平定了陈友谅余部。至正二十五年，他率师东征，进攻张士诚，攻占泰州。第二年又攻克高邮、淮安、兴化（今均属江苏）等地。同年八月，徐达率舟师二十万，由太湖进围湖州（今属浙江）。十一月，转兵北上，合围平江。至正二十七年九月，徐达胜利班师回朝，被封为信国公。

这年十月，被封为征虏大将军的徐达与副将军常遇春率师二十五万，北伐元军，屡战屡捷，迫使济南守将朵儿只投降，接着又迅速占领山东全境。在此后的数年间，徐达屡次统领大军，转战南北，立下赫赫战功。因为刚毅武勇，持重有谋，纪律严明，功高不矜，徐达被朱元璋誉为“长城万里”。据说，朱元璋当皇帝以后，也经常找徐达下棋。徐达知道朱元璋性格要强，喜欢别人的吹捧，现在又贵为天子，不能得罪，所以每次与朱元璋下棋时，徐达总是故意输几子。不过，时间久了，朱元璋自然知道，也就觉得没意思了。一天，朱元璋叫上徐达游南京城外的莫愁湖。君臣漫步湖畔，只见远山含黛，烟雨蒙蒙，诗一样的画面激起了朱元璋的棋瘾，便要停下步子与徐达下棋，并对徐达说：“今日下棋，如果你胜了，朕就以这莫愁湖相赐。”

趁侍从准备棋的功夫，徐达思量开了：这盘棋要赢了，怕触怒了皇上，故意输了，又会失去这烟波浩渺的莫愁湖，真是左右为难。思来想去，徐达忽然眼前一亮，有了主意，便与朱元璋认真下起棋来。这盘棋徐达一反过去的做法，从开局起便每子必争，寸土不让，又连连出击，痛下狠招，只杀得朱无璋手忙脚乱。一盘棋下来，朱元璋的活子所剩无几。朱元璋自觉颜面尽失，正要发作，徐达见状赶紧跪下说：“请陛下细观全局。”

朱元璋仔细看了看，发现棋盘上的棋子竟组成了“万岁”二字。他立刻转怒为喜，并对徐达的棋艺佩服不已。于是，朱元璋下令把莫愁湖赐给了徐达，并筑楼一座，取名“胜棋楼”。此楼盖成后，朱元璋还亲自写了一副对联：“烟雨河山六朝梦，英雄儿女一枰棋。”

《秋山仙弈图》卷（局部）
（元）赵孟頫 收藏于中国台北『故宫博物院』
33.2厘米 ×255.6厘米。

观棋观出的祸事

公元1398年，朱元璋去世后，建文帝朱允炆继位。当时，朱元璋的第四子朱棣坐镇北平，权势日渐强大。建文帝发现，在强大的藩王面前，他的皇位岌岌可危，于是设计削藩。野心勃勃的朱棣察觉后，马上起兵“靖难”。经过三年的战争，朱棣夺得帝位，为明成祖，年号“永乐”。

明成祖是明朝强盛之主，对整个明王朝的建设做出了很大的贡献。他即位后推出了一系列的重大举措，如迁都北京，五次亲征漠北，派遣郑和出使西洋，消除藩王势力，继续执行垦荒、囤田，兴修水利等。与此同时，他还大力加强对北方的管理，并命人编修了《永乐大典》。

明成祖朱棣也十分喜爱下棋。据《宁波府志》载：永乐初年，明成祖听说楼得达是个围棋高手，就召他进京，安排他与“棋王”王相礼对局。赛前，明成祖命人把画有冠带的纸悄悄放在棋盘下，准备赐给胜者。王相礼以为自己天下第一，楼得达不配做自己的对手，就轻敌了。哪知，几招下来，他就招架不住，最终告负。明成祖很高兴，亲自给楼得达颁授了棋王冠带。

明成祖终日以弈为乐，引起大臣解缙的不满。解缙字大绅，江西吉水人，是明代著名学者。他才华横溢，19 岁便中进士，深为朱元璋所器重。解缙为官耿直，曾因上“万言书”批评朝政，被罢官八年之久。解缙在永乐初年被任命为翰林学士，负责纂修《永乐大典》。当时，明成祖的皇后生有三个儿子，对立谁为太子，明成祖一直犹豫。明成祖很宠爱朱高煦，但朱高煦为人专横，仗着立过战功，早就暗中运作，想早日爬上太子的宝座。一次，成祖就立太子一事征求解缙的意见，解缙说：

明成祖像

选自《历代帝王像》册　（清）姚文瀚　收藏于美国纽约大都会艺术博物馆

朱棣，明太祖朱元璋第四子，原为燕王，后通过发动『靖难之役』从侄子建文帝朱允炆手中夺取皇位。年号『永乐』，谥号『文皇帝』，庙号太宗，后改『成祖』。

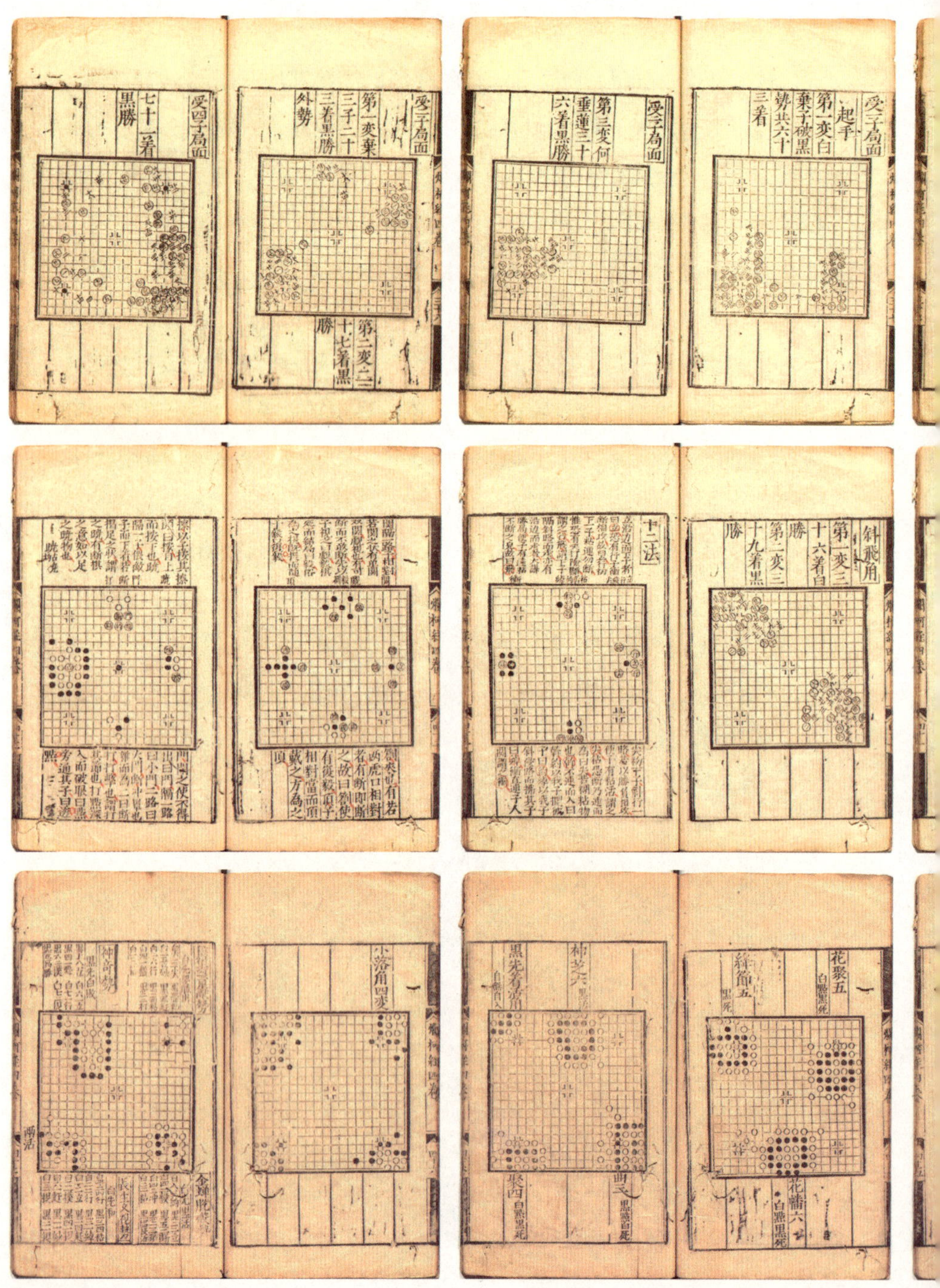

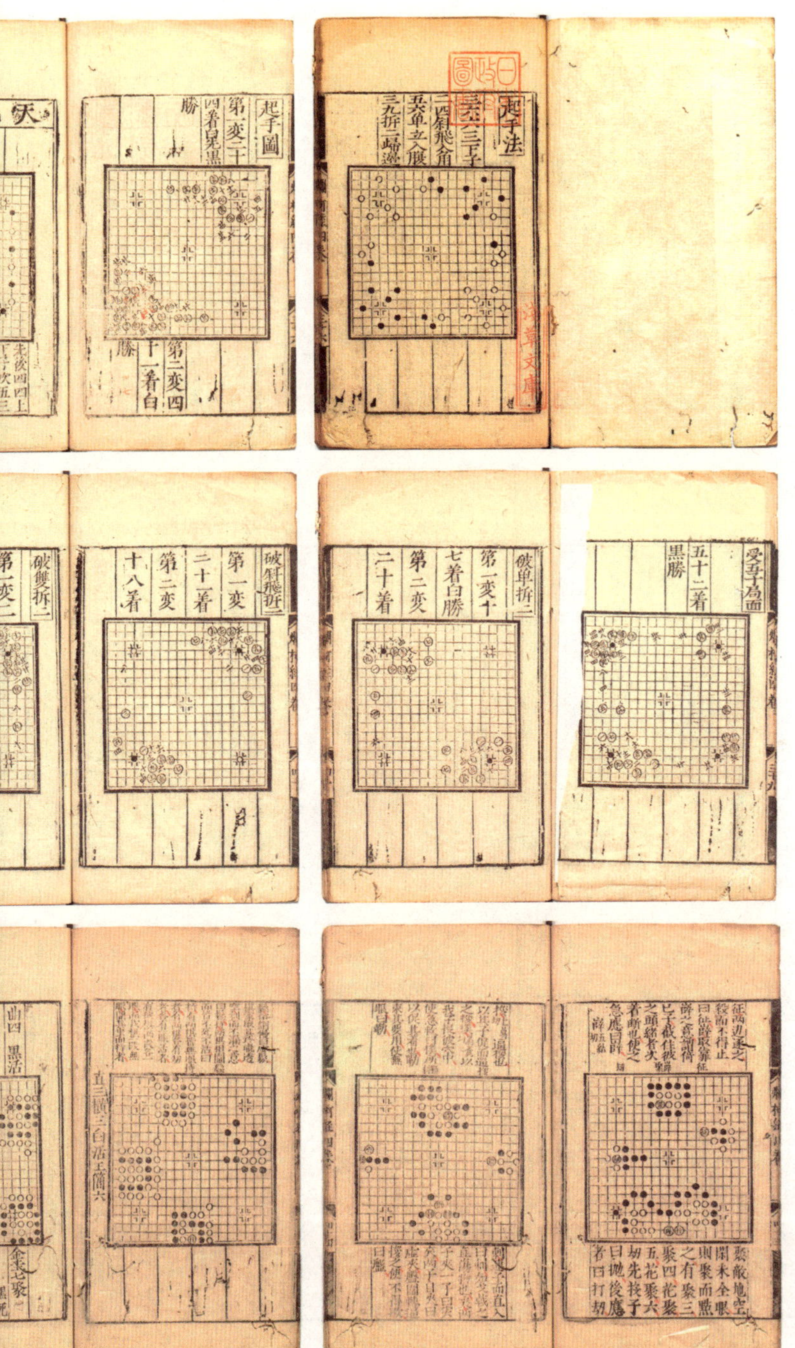

《烂柯经》明刊本

（明）朱权/辑　收藏于日本内阁文库

全书四卷，前三卷为围棋理论，卷四为棋盘路图、受子局面、死活棋势等。围棋被称为『烂柯』，典故源于南朝梁任昉《述异记》：『信安郡石室山，晋时王质伐木至，见童子数人棋而歌，质因听之。童子以一物与质，如枣核，质含之而不觉饥。俄顷，童子谓曰：「何不去？」质起视，斧柯尽烂。既归，无复时人。』作者朱权是明太祖朱元璋第十七子，封宁王，曾与朱棣一起反叛建文帝。朱棣即位后，朱权并没有被重用，朱权转而将兴趣转为戏剧、文学、茶道、棋艺等，均有建树。

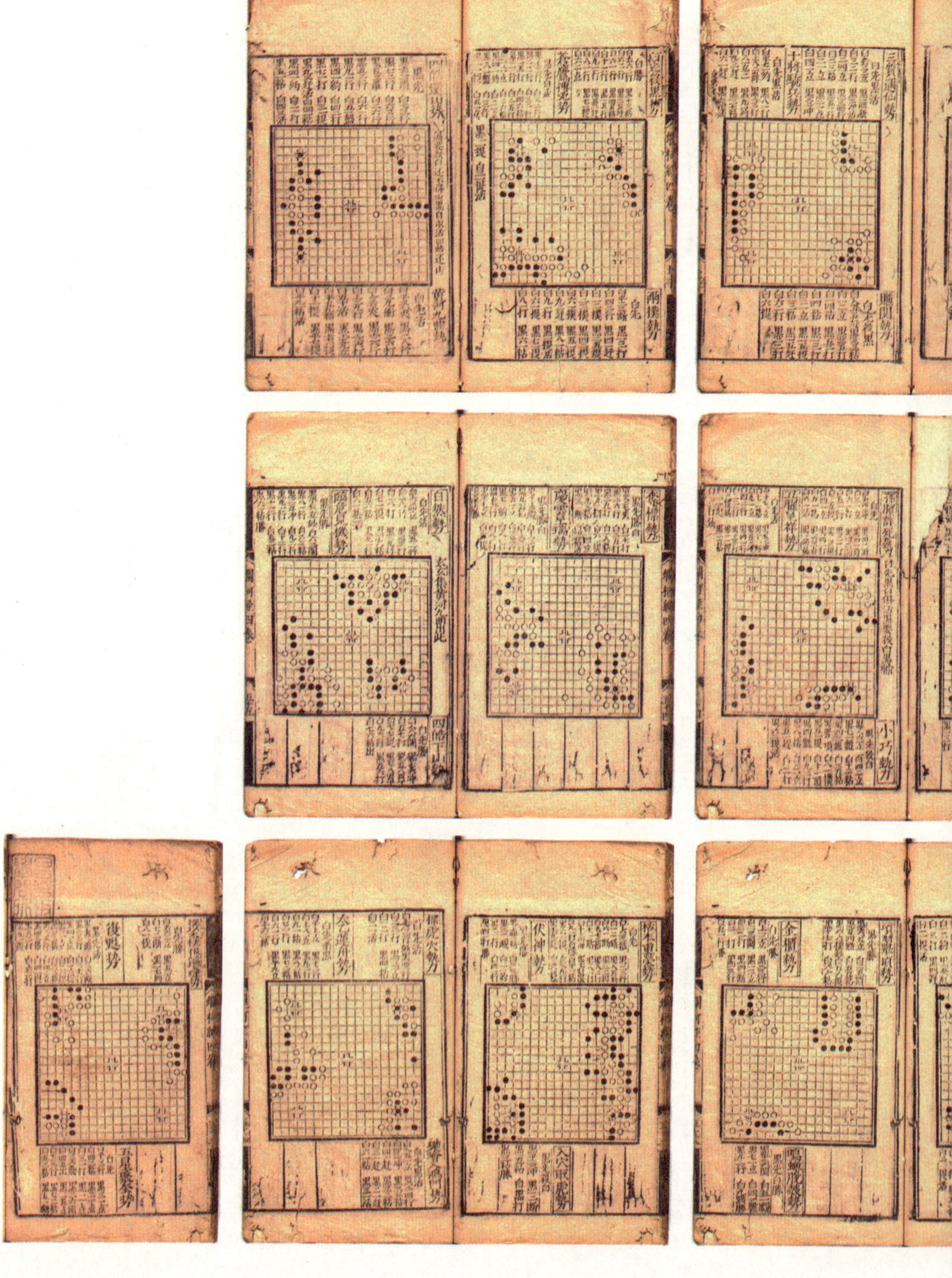

解缙像

选自《古圣贤像传略》清刊本 （清）顾沅／辑录，（清）孔莲卿／绘

解缙，字大绅，号春雨、喜易。明代名臣、文学家。洪武二十一年（公元1388年）中进士，官至内阁首辅，但因其直言不讳而被猜忌，遭贬，最终以『无人臣礼』之罪入狱，永乐十三年（公元1415年）死于非命。

“皇长子仁孝，天下归心。”成祖听罢默然不语。过了不久，成祖拿出一张《虎彪图》，命廷臣应制作诗。解缙见图，立即写了一首：“虎为百兽尊，谁敢触其怒？惟有父子情，一步一回顾。”成祖见诗，知解缙是借端讽谏，觉得有些道理。加上群臣也主张立皇长子朱高炽为太子，这事终于定了下来。

有一天，明成祖心情很好，就计划和几个臣僚“彻夜嬉戏”。他们一边饮酒一边弈棋，半夜，明成祖突然“雅兴”大发，派人将解缙找来赋诗助兴。解缙平时对明成祖沉溺于弈棋、不关心民众疾苦的做法就有意见，现在被人从睡梦中吵醒，看到皇帝与大臣们的游戏，心里更为不满。所以当明成祖让他以《观弈棋》为题赋诗，并要把围棋所有的别名都嵌在诗中时，他便不假思索地写道：

鸡鸭乌鹭玉楸枰，君臣黑白竞输赢。
烂柯岁月刀兵见，方圆世界泪皆凝。
河洛千条待整治，吴图万里需修容。
何必手谈国家事，忘忧坐隐到天明。

诗一读完，本来兴致极高的明成祖非常生气，当时就想降罪于解缙。不过，考虑到解缙名声太响，而且为人正直，深得人心，如果因此而获罪，恐怕天下人不服。于是，明成祖暂时忍了这口气，几个月后才找了个机会，以“泄禁中语”“廷试读卷不公”的罪名将其贬到广西。后来，解缙在北京的狱中被杀，结束了坎坷的一生。

虎

选自《诗经名物图解》［日］细井徇 收藏于日本国立国会图书馆

神童棋手方新

方新，又名渭津，字子振，《江都县志》上称他“精弈有神解”，为棋界神童。据记载，方新六七岁时就会下棋。有一次，他父亲与人下棋，把他放在膝上，下到半场时，方新捂着爸爸的耳朵，悄悄告诉他应在哪儿投一子争取主动进攻。父亲根本没把方新的话当回事，结果输掉了棋局。客人赢了棋，还对方新父亲戏言：“小孩子哪能看出我的漏洞？我是不怕攻的。”小方新不服气，当下按他的想法复盘，结果把客人杀得落花流水。

方新自小喜爱棋艺。八岁上私塾时，他常在功课完成后下棋。先生认为这是不务正业，就狠狠地打了他。后来先生见他实在着迷，而且确实也下得有点水平，方才同意他课余下棋。到了十三岁，方新棋艺大长，天下棋手没有不知道的。后来，他还写过一本题为《弈微》的围棋著作。

经师易遇，人师难遇

选自《养正图》册（清）冷枚

收藏于北京故宫博物院

汉灵帝时期，魏昭多次去拜访郭泰，并愿意做他的随从，帮他打扫卫生。郭泰问他为什么不去读诗书，魏昭说：『经师易遇，人师难遇』。指传授知识的老师易遇，指点人生的良师难求。

嗔顽童茗烟闹书房

选自《全本红楼梦图》 （清）孙温 收藏于大连旅顺博物馆

描绘的是《红楼梦》第九回『训劣子李贵承申饬，嗔顽童茗烟闹书房』中金荣大闹学堂的场面。

独操文柄二十余年的明代文坛“后七子”领袖王世贞是一位围棋爱好者，与当时的国手们过从甚密，常在一起开怀对弈，交流下棋心得。他的《弈旨》一文便是为了回答国手李釜而作。《弈旨》收录了历代著名棋手的有关资料，可以说是一部简明的围棋编年发展史。王世贞早听说方新是棋界的神童，有一次路过方新的家乡时，他正好与“海内第一品”李釜同行。征得李釜同意，王世贞为方、李二人摆开棋局。第一局，李釜以一子险胜。第二天方新又前来，终于战败了李釜。

方新人小而艺精，人们无法理解，便流传出了与他学艺有关的神奇故事。《甲乙剩言》是这样说的：方新在小的时候，遇到一个棋艺高超的老人。老人看他痴迷，就让他第二天来找自己，教授他秘诀。方新当场应允。第二天，方新到的时候，已经迟到了。老人很生气，责怪他没有诚意，让他第三天再来，如果再迟到，就不教他了。第三天，天还没有亮方新就到了。老人很满意，铺开棋盘，详细地教了方新四十八种变化，每种变化不过十几着，但都是真正的杀手锏。从此，方新棋力超群，所向披靡。

当然，这是附会者编造出来的，有天赋的棋手也是需要后天刻苦钻研的。

爱棋嗜酒的风流才子

明代画坛名家辈出，号称“明四家”的沈周、文徵明、仇英和唐寅是他们的代表。唐寅即唐伯虎，字子畏，号伯虎，又号六如居士、桃花庵主等，是江苏苏州人，中国古代最杰出的画家之一。明弘治十一年（公元 1498 年），唐寅在应天府乡试中考了第一名，中了解元。三十岁那年，他因科场案被牵连入狱，后发往浙江。这期间，他游历了匡庐、天台、武夷等名山，鬻画卖文，名重当时。

唐寅虽然才高八斗，却一生郁郁不得志。他平日除了以吟诗作画来陶冶自己的情操，使自己不会在逆境中屈服之外，还喜爱下棋。当然，弈棋只是他用来消遣度日的手段，所以他不太把输赢当回事。正如唐寅在《漫兴》诗中自嘲的那样，“落魄迂疏自可怜，棋为日月酒为年”。唐寅对围棋的态度还体现在他的其他一些诗文中，如《避世》诗中写道：“随缘冷暖开杯酒，懒算输赢信手棋。”《闲中歌》中又说：“眼前富贵一枰棋，身后功名半张纸。”从这字里行间，我们可以看出这位风流才子将弈棋输赢置之度外的游戏态度。唐寅爱棋又爱酒，因此才有“老向酒杯棋局畔，此生甘分不甘心”的句子。此外，唐寅还写过许多棋诗，他的《题画诗四首》其二诗云：

树合泉头围绿荫，屋横涧上结黄茅。
日长来此消闲兴，一局楸棋对手敲。

在这里，绿树、清泉、涧谷、茅屋和闲棋，构成了令人神往的世外桃源和诗画一般的写意生活，也确实是唐寅充满情趣的生活写照。

唐寅与棋有缘，不光体现在他的棋诗上，他还有不少有关弈棋的轶事，这些故事诙谐有趣，充分反映了他疏狂放诞的个性。据说，有一次唐寅与友人下棋，正战得难解难分时，有个当给事的远客来访。来客见唐寅正与友人对弈，便上前作揖施礼。唐寅的眼睛一直停留在棋盘上，对来访者连看也没看，便随口说道：“正得弈趣。”不但没给客人还礼，连座位都忘记给客人安排。客人受此冷遇，觉得很没面子，怏怏而回。

等下完了一局棋，已是黄昏，唐寅这才想起那位远道来访的客人，急忙去探望。唐寅三步并两步来到客人乘坐的船边，赶快自报姓名，船上仆人回话：“给事已经睡了。”唐寅马上说：“我下了一天棋，也很疲倦了，正想找个地方睡觉呢。”说完，他不顾阻拦地跳上船，爬上给事的床，脱衣睡下。给事被唐寅从梦中惊醒，想与唐寅交谈，但唐寅睡得正酣，怎么喊都喊不醒。给事没办法，也只好合被呼呼大睡。

《听琴图》轴

（明）唐寅 收藏于美国克利夫兰美术馆

古朴而破损的院墙，茅草屋内一几一琴一灯，在如此简陋的环境下也不妨碍抚琴者认真奏曲、门外人专心听音。远离闹市的喧嚣，且有知音相伴，陋室又何陋之有！

《西园雅集图》卷（局部）

（明）唐寅　收藏于中国台北『故宫博物院』

古代文人的聚会称为『雅集』。历史上最著名的雅集有两个，一个是东晋时期的『兰亭集』，另一个便是北宋汴京的『西园雅集』。『西园雅集』之所以出名，是因为当时李公麟的画和米芾的题记，以及出席雅集的名人骚客。后世人景仰之余，纷纷摹绘《西园雅集图》，以致《西园雅集图》成了一个常见画题。画作中展现的是文人们在此聚会游乐的场景，文人们在此处写字赋诗，赏玩游乐。

第二天上午太阳高照，唐寅还没醒。给事准备好酒席，喊唐寅起床，对饮交谈。唐寅赖着不起床，他对给事说："要我起床也可，请你罢去酒席，解缆放舟返回。"给事的一腔热情又被唐寅冷水浇灭，只得令人撤席返回。唐寅这才穿衣下船返家。

郑仲夔《玉麈新谭》卷七记载，有一次唐寅为了与一个和尚下棋，还曾经男扮女装。有一次，一位太学从千里之外慕名赶来求见唐寅，进了唐家大门，不见唐寅，却见一妇人在与和尚下棋，定睛一看，"妇人"正是唐寅。客人的来访并未引起正沉湎于棋趣中的唐寅的注意，他仍然聚精会神地与和尚下棋。客人见唐寅如此疏放狂诞，只得悻悻而去。

棋局结束后，唐寅又与和尚讨论棋艺到天黑，家人这才提醒唐伯虎有客人来过。唐伯虎听罢哈哈一笑，更衣去驿馆回访。

太学因遭受冷落，内心十分不满，下令闭门，不许唐寅进来。唐寅厚着脸皮，横冲直撞。他大呼小叫，推开每一间屋子，轮流找来。太学听到唐寅闯了进来，气得躲进卧室。看见太学躺在床上脸面向里，唐寅二话不说，脱了鞋就爬到床上，与太学分头睡下。见太学还是不搭理自己，唐寅就一边说笑一边赔罪，希望太学谅解，可太学就是不理他。无奈，唐寅只得独自赋诗数首。第二天一早，唐寅将昨夜吟的诗写在纸上，不辞而别。太学醒来看到桌上的题诗，再三吟咏，感觉唐寅一片深情，有些后悔昨夜的举动，最后决定再去拜访这位才子。

唐寅是何等聪明之人，他早料到太学会再来，于是在一间四面无窗的暗室中设好酒席，等太学前来。二人把盏对饮，且饮且谈，乐而忘疲。不知过了多久，两人都已经尽兴，唐寅这才把太学恭送出去。客人走后，家人好奇地问唐寅，为什么把客人留了三天三夜之久，唐寅大笑，这才知道已过了三日。

掀起围棋高潮的过百龄

明末清初，围棋的高潮终于到来了，无数著名棋手以精湛的棋艺雄踞棋坛，一系列重要的棋书纷纷涌现。经过唐代的盛况、宋代的奇观、明代的瑰景，才孕育了这一高潮，形成了围棋史上空前壮观的局面。而最先掀起这个高潮的，是明末的过百龄。

翻阅清朝秦松龄写的《过百龄传》，我们可以大致了解这位高手的生平。过百龄，名文年，生于无锡一个颇有名望的家庭。他从小聪颖好学，十一岁时看别人下棋，很快就悟出“虚实”“先后”“进击”“退守”这些一般人难懂的道理。以后他与人下棋，常常是胜多败少。他的天资和悟性使得乡人们惊叹不已，名气很快就传遍了四方。

相传过百龄小的时候，新来了一位叶姓学台，很想找个下棋对手。因为他棋品达二级，官也不小，所以一般棋手也不敢去跟他对局。过百龄却一点都不怕，主动上门挑战。学台看他还是个孩子，觉得可笑，很轻视他，但碍于面子只能勉强答应。哪料，几局下来，学台都大败。当地的官绅见状，怕学台下不了台，暗地里让过百龄放放水。哪知，过百龄义正词严地表示，同为好棋之人，怎么能输不起呢？况且学台是大官，是不会跟孩子计较的。学台听了他的话，很高兴，觉得过百龄的棋品与人品都很高尚，想栽培他，邀请他与自己北上成就大业。过百龄虽然也想前往，但因年龄太小，便婉言谢绝了。

从那以后，过百龄声名远扬，而他自己对棋艺也愈加精益求精。没过几年，过百龄认识到不能囿于一个小地方，因为这样容易自满，于是想去外面闯荡一番。当时，京城的公卿们也久闻他的大名，就写信请他去切磋棋艺。过百龄来到京城后，首先遇到了林符卿，此人常与公卿贵族来往，是骄狂一时的名棋手。林符卿见过百龄仅是一位少年，很瞧不起他。有一次，公卿们聚在一起喝酒，林符卿和过百龄也被邀前去，自以为天下无敌的林符卿觉得展示自己实力的好机会来了，便对过百龄说：“我早就听说过你的大名，你来京城后，至今未找到机会交手，实在是憾事，今天我们何不趁此机会较量一下，也为公卿们助兴？”公卿们听了，连声叫好，并纷纷拿出银子作为胜者的奖品。过百龄却一再推辞，执意不肯对局。林符卿见状，更是得意非凡，硬逼着过百龄对局。无奈之下，过百龄只得摆开了棋局。谁知第一局才下了一半，林符卿就感到局势不妙，急得满头大汗，全然没了之前的狂妄。过百龄却神情自若，投子布局看起来随随便便、毫不费力，棋锋却锐利无比。第一局林符卿

清代玻璃棋子及黑漆描金棋盒

收藏于中国台北『故宫博物院』

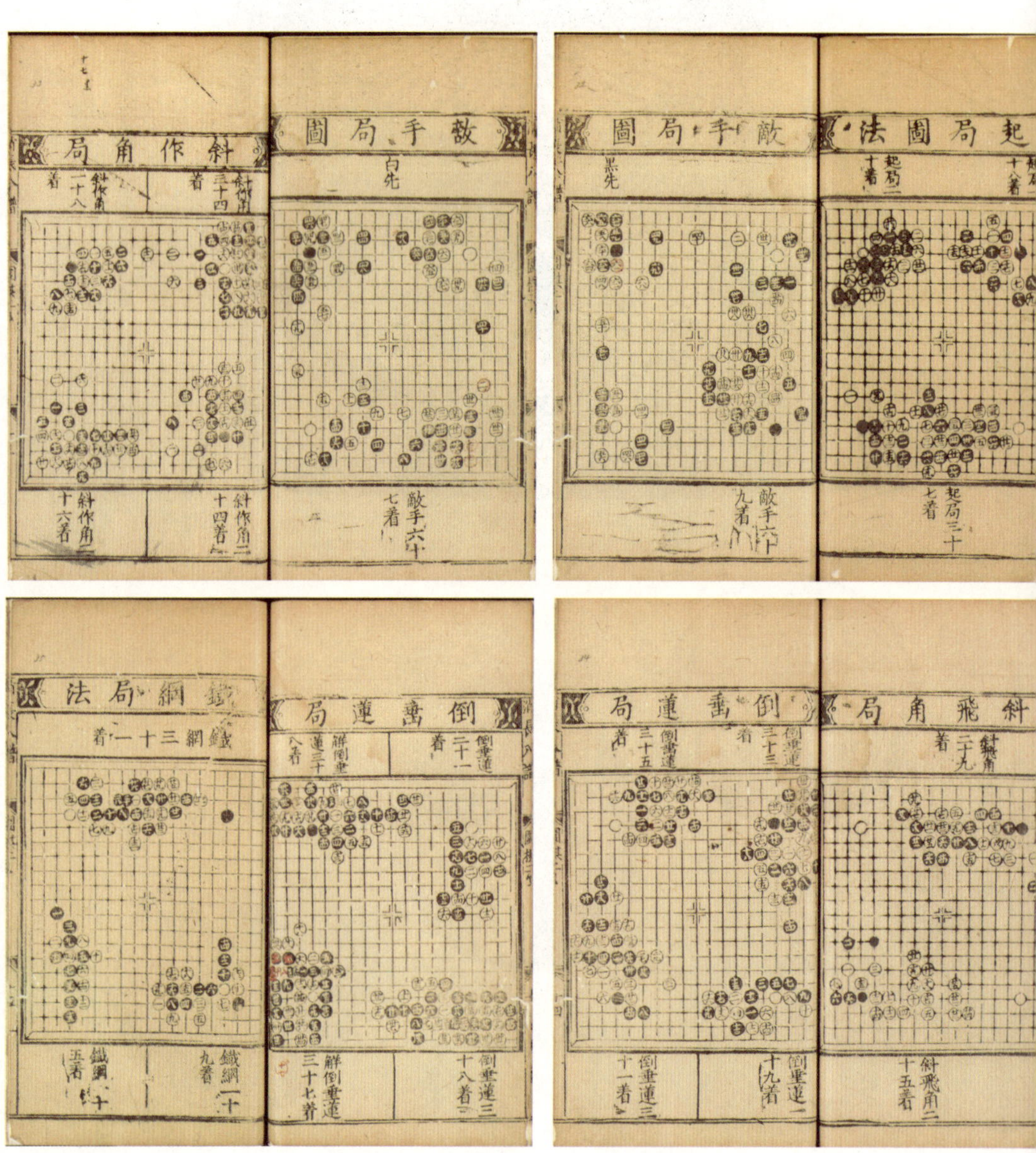

《新刻古今玄机消长八谱》明刊本（节选）

（明）刘龙田 收藏于日本庆应义塾大学图书馆

该书为休闲娱乐日用类书。全书共六卷：琴谱、围棋、象棋式、牙牌、双陆、投壶、戏毬、骰色朱窝八谱，每卷首冠全幅版画，内附相关谱类玩法插图。我们从中选取围棋的部分加以呈现。

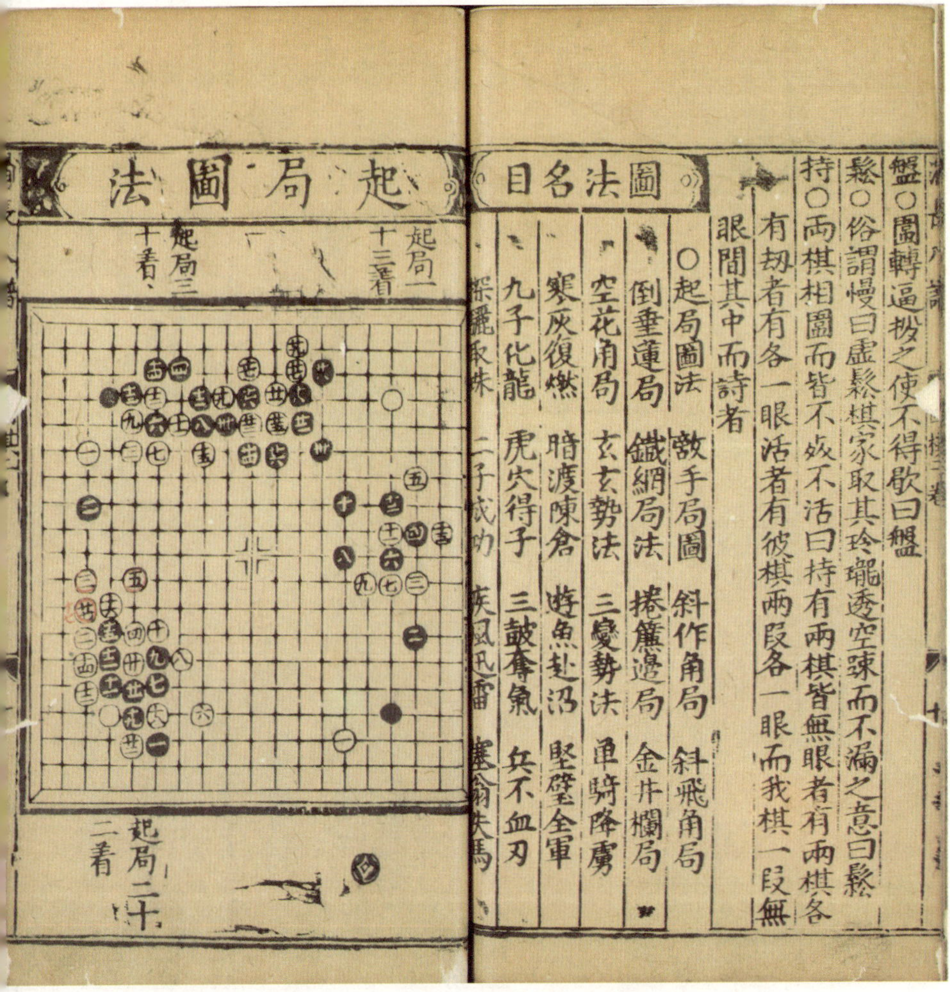

圖法名目

盤〇圓轉逼拶之使不得歇曰盤

鬆〇俗謂慢曰虛鬆棋家取其玲瓏透空疎而不漏之意曰鬆

持〇兩棋相圍而皆不死不活曰持有兩棋皆無眼者有兩棋各有劫者有各一眼活者有彼棋兩段各一眼而我棋一段無眼間其中而持者

〇起局圖法　數手局圖　斜作角局　斜飛角局

倒垂蓮局　鐵網局法　捲簾邊局　金井欄局

空花角局　玄玄勢法　三變勢法　單騎降虜

寒灰復燃　暗渡陳倉　游魚赴沼　堅壁全軍

九子化龍　虎穴得子　三鼓奪氣　兵不血刃

探驪取珠　二子成功　疾風迅雷　塞翁失馬

起局圖法

起局一　十三着

起局三　十着

起局二十　二着

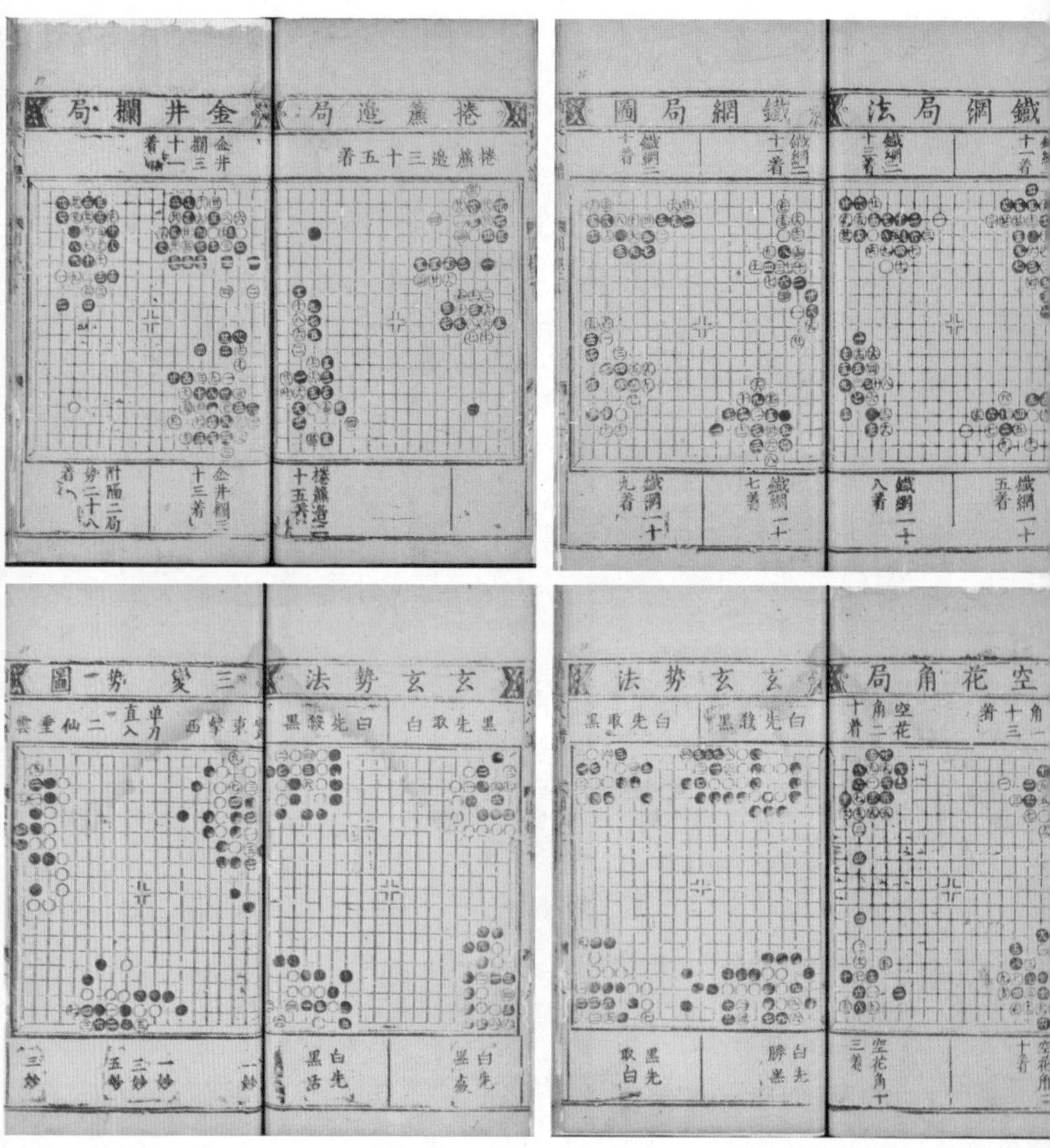

金井欄局
捲簾邊局
鐵網局圖
鐵網局法
三變勢一圖
玄玄勢法
玄玄勢法
空花角局

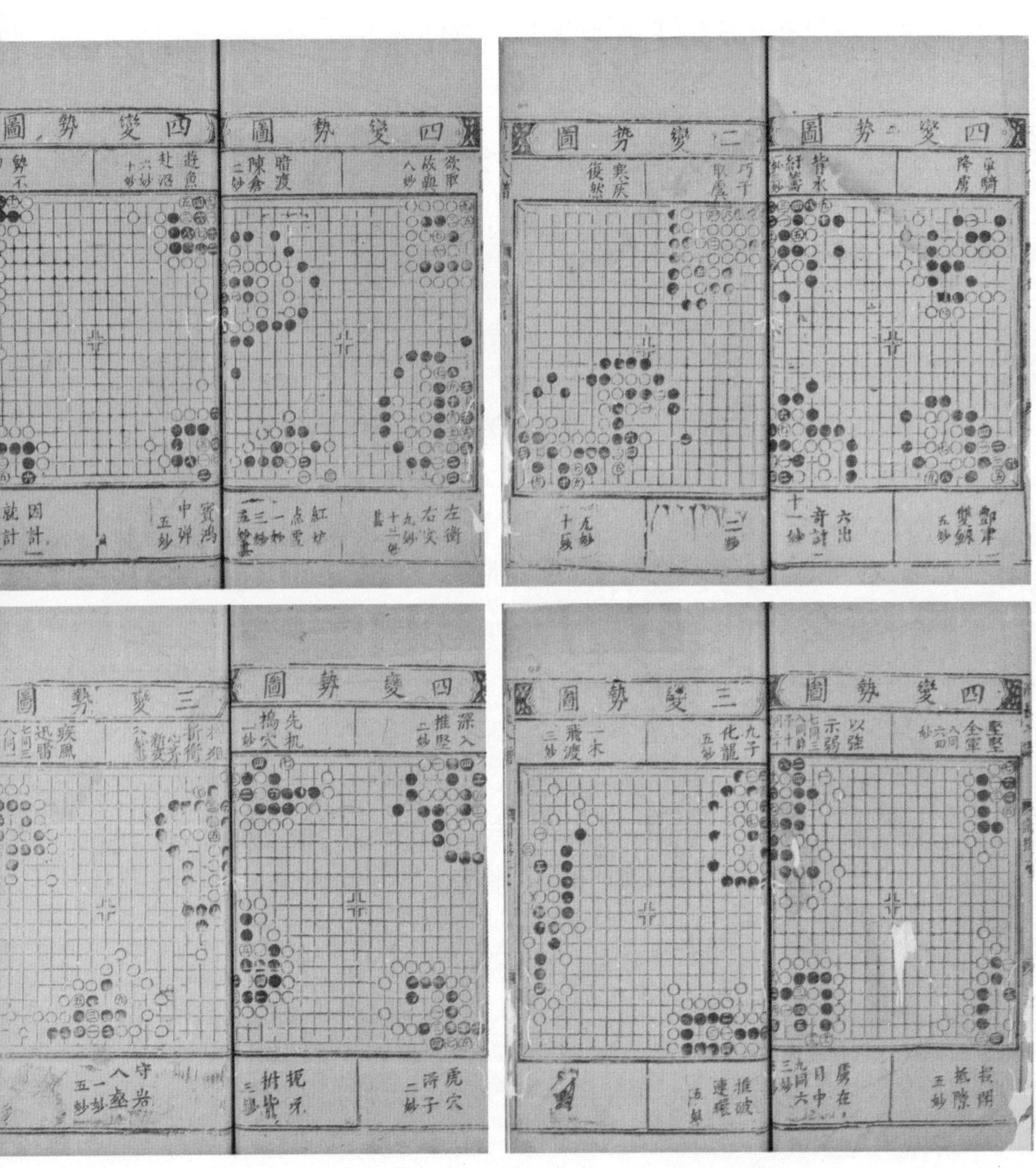

输了，他不甘心，接着又下了两局，结果又全部输掉。观战的公卿们一个个都惊呆了。林符卿一向是棋坛霸主，今天却败在过百龄这个少年手下，可谓丢尽了面子，棋坛霸主的位置也就此失去。而过百龄经此一战，名声大振，很快成为当世高手。

过百龄是公认的国手，几十年间，天下棋手莫不“以无锡过百龄为宗”。《无锡县志》中也有关于过百龄的记载，说他常慕名前去与高手较量，而他自己请人来下棋，棋手们都不敢来，真有点“高处不胜寒”的感觉。

“八岁童牙上弈坛，白头旗纛许谁干”，这两句诗出自钱谦益的《京日观棋六绝》，概括了过百龄与棋相伴的一生，生动刻画出了他执棋坛牛耳数十年之久的骄人战绩。钱谦益还在这首诗中特地注明“为梁溪弈师过百龄而作”，可见过百龄在后人心中的地位。

过百龄不仅棋艺精湛，还著有棋谱，主要有《官子谱》一卷、《三子谱》一卷、《四子谱》二卷。《官子谱》细致地阐述了围棋收官子的各种诀窍，是我国古代围棋史上第一部这方面的著作。《三子谱》讲了二百零四种着法变化，其中“大角图”四十四变，“大压梁”五十变，“倒垂莲”六十变，“七三起手”五十变，堪称教科书级别的棋书。《四子谱》着重于围棋的各种着法和变化，论点精辟独到，概括了围棋招法上的普遍规律，时至今日，仍能指导围棋实战。

可以说，过百龄的出现，标志着中国古代围棋的发展达到了又一个新的高峰。

康熙与围棋

清代野史中记载，清圣祖康熙也喜欢下围棋。康熙名爱新觉罗·玄烨，顺治十一年（公元 1654 年）三月十八日生于北京紫禁城景仁宫，康熙六十一年（公元 1722 年）十一月十三日于北京畅春园清溪书屋去世，终年六十九岁。康熙是中国历史上在位时间最长的皇帝，共在位六十一年。康熙共有三十五子、二十女，但只有二十四个儿子、七个女儿活到成年。

康熙是顺治的第三子，即位时只有八岁。康熙能被顺治帝选为继承人的主要原因是其出过天花，具有免疫力。顺治去世后，少年的康熙登上皇位。即位初期，朝中大权都掌握在鳌拜手中，很多事情都得鳌拜作主。后来，康熙设计除掉鳌拜，开始真正亲政的阶段。此后，康熙又铲除吴三桂等地方势力，接着收回台湾，平定了准噶尔汗噶尔丹的叛乱，并驱逐了侵占黑龙江流域的沙俄侵略者。后来，康熙还在京师东北的热

《平定台湾战图》

（清）佚名 收藏于北京故宫博物院

乾隆五十一年（公元1786年），台湾天地会被镇压，引发了规模较大的反抗起义运动。乾隆五十二年（公元1787年），乾隆帝出兵台湾平定叛乱，起义被镇压。平定台湾后，乾隆帝在承德避暑山庄举办庆功宴，犒劳此次战役的将领福康安、海兰察等。为了纪念战役胜利，乾隆帝命宫廷画师创作了《平定台湾战图册》。图册中绘制的内容为乾隆五十二年（公元1787年）福康安进攻台湾经历的大小十多次战役，以及设宴于避暑山庄的场景。

諸羅圍解
迤南通斗
六门當兩

进攻斗六门

攻克斗六门

攻克大里杙贼巢

攻剿小半天山

枋寮之战

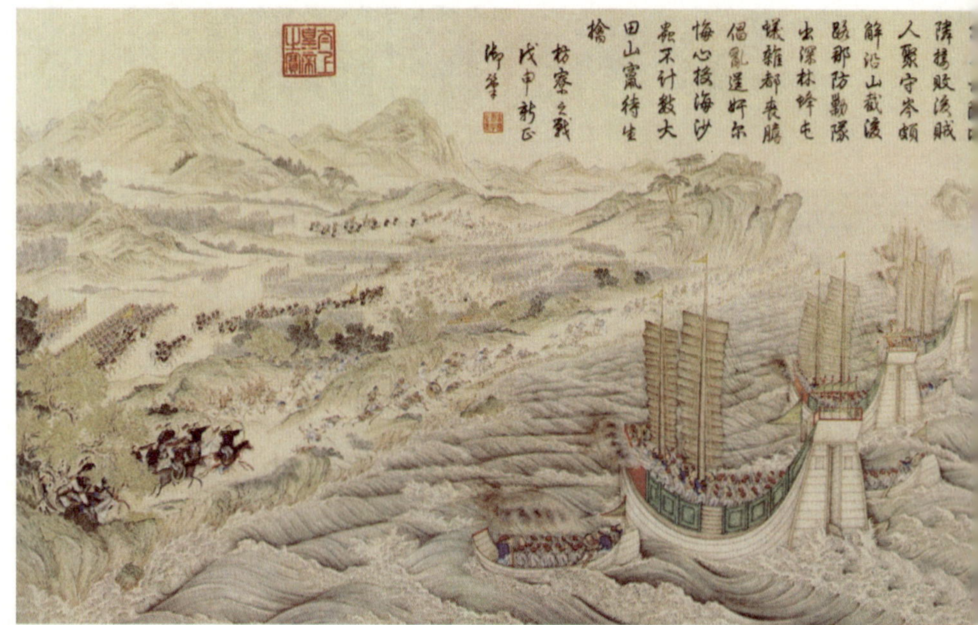

集集埔之战

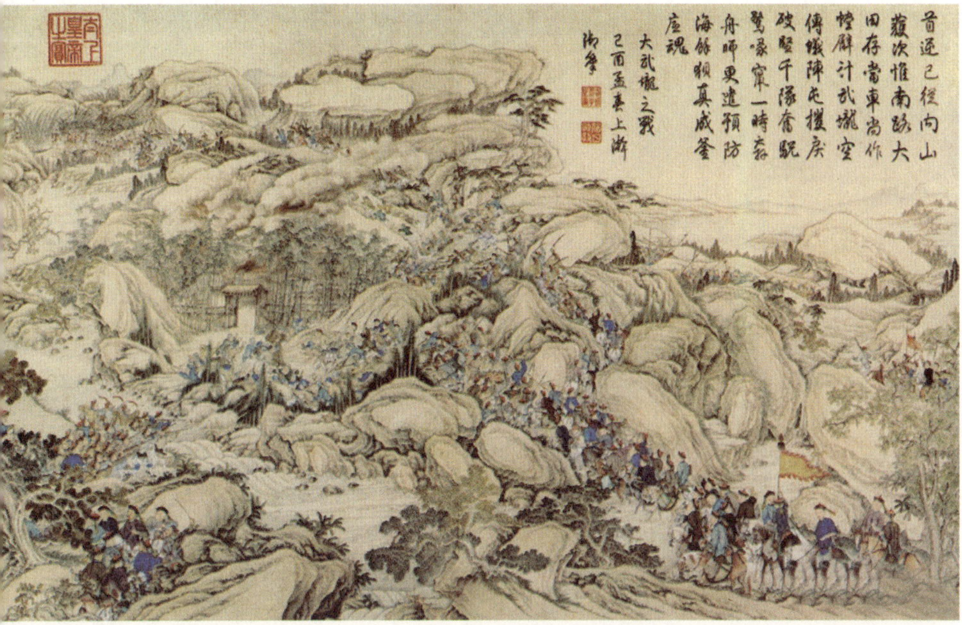

大武垅之战

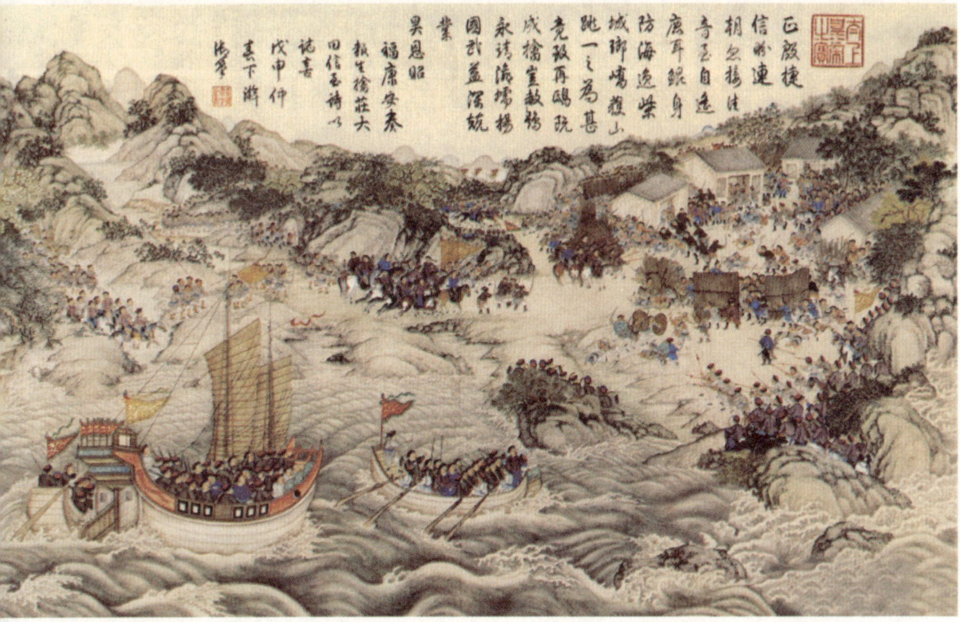

生擒庄大田

渡海凯旋

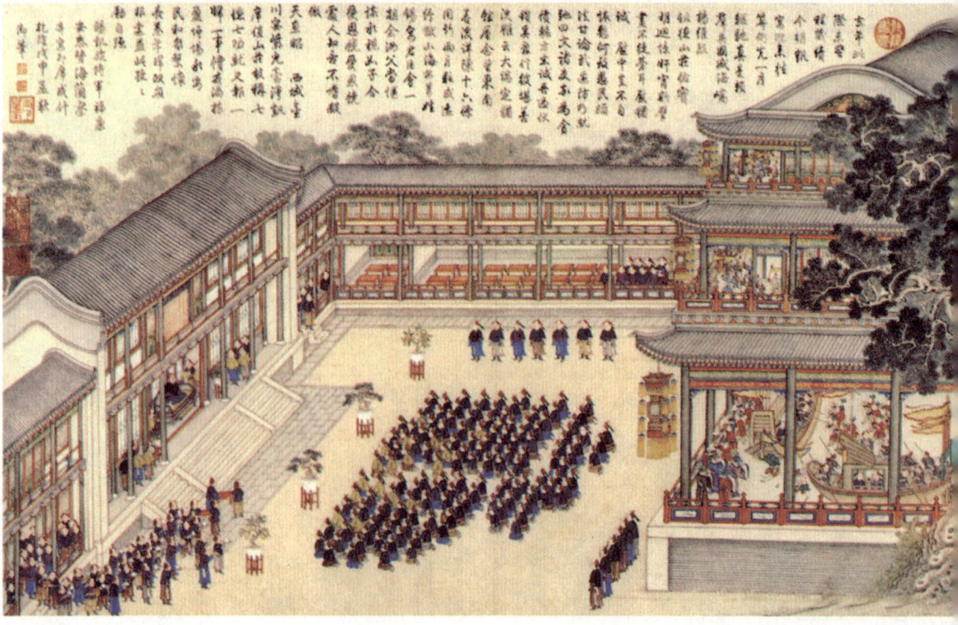

凯旋赐宴

河营建了避暑山庄，将其作为西藏、蒙古等部王公贵族觐见的场所，促进了各民族的团结。

据一些野史、轶闻载，康熙铲除鳌拜就巧借了围棋。据小横香室主人所著的《清朝野史大观》说，康熙即位初期，鳌拜辅政。因为正白旗圈地的事情，鳌拜与直隶总督朱昌祚、保定巡抚王登联、户部尚书苏纳海发生了矛盾，于是将他们九族诛杀，但没让康熙知道。鳌拜曾经托病不去上朝，康熙亲自前往问候。御前侍卫看见鳌拜脸色变了，赶紧跑到床前，揭开席子，藏在下面的刀露了出来，康熙却笑着说："刀不离身是满洲的旧俗，没什么好惊怪的。"随后立即就回宫了。康熙计划用下棋的手段来谋杀鳌拜。几天后，鳌拜觐见，康熙命令羽林士兵迅速将他拿下了。

用下棋除鳌拜的事清史上并无记载，但既然野史中有载，就应该有一定的根据。康熙与围棋的记载还在周家森的《留余弈话》中出现过，此书中说："黄霞，字龙士，又字月天，清仪征人。善弈，能自出新意，穷极变化，康熙时称为'弈圣'。尝于万寿节日，在御前围棋，下完后于棋盘上排一'寿'字，而四角上亦均各排蝙蝠一只，以示福寿之意。殊为难能可贵矣！"

除了各种史料记载之外，康熙与围棋的渊源还在一些传说中出现过，其中最著名的是关于棋盘山的传说。棋盘山位于围场满族蒙古族自治县县城以北 21 千米处，山下的塞罕坝当年是康熙皇帝围猎的场所。在棋盘山顶上，有个大石棋盘，棋盘上有石头棋子，棋子还能挪动，却不能拿走，据说不管用多大的力气，也不能把它拿出棋盘。

相传有一年冬天，康熙带兵在此驻扎，曾经跟侍卫那仁福下过棋。两人棋瘾大发，兴致很高。那仁福棋艺高超，下着下着竟然忘了在跟皇帝下棋，一点也不让，杀了康熙大半棋子。旁边的老太监急了，心想皇

帝要是输了棋还得了，便趁机骗康熙说山下有老虎，问他要不要去打猎。康熙对打猎更是痴迷，便让那仁福等他猎虎回来再继续。康熙拿着弓箭，骑着马到了山下，发现并没有老虎，只看到一只梅花鹿，不过康熙追了一百里地也没追上，只得放弃。这才想起那仁福还在山上，赶紧派人上去看，却发现那仁福已经冻死了。为了纪念那仁福，康熙就把这座山命名为“棋盘山”。

▲《避暑山庄图》

（清）冷枚　收藏于中国台北“故宫博物院”

避暑山庄位于河北承德，又名承德离宫，是清朝皇帝及其后宫妃嫔夏日避暑的行宫。画中描绘了避暑山庄后苑全貌及周围的崇山峻岭，构图纵深感强烈，色彩冷暖和谐，营造出山庄的清幽氛围。

奇峰突起的周懒子

王燮在《弈墨·序》中描绘清初棋坛盛况时，曾说此时“诸子争雄竞霸，累局不啻千盘”。当时，“海内国手几十数辈，往来江淮之间”，新老棋手交流频繁，赛事一场接着一场，令围棋爱好者眼花缭乱，正可谓才人迭出，各领风骚。

围棋高手周懒予就是在此时奇峰突起，登上了当时棋坛的最高峰。关于周懒予的生平事迹，周赏的《周懒予传》和徐星友的《兼山堂弈谱》记载得十分详细。

周懒予是清初著名棋手，名嘉锡，字览予，浙江嘉兴人。因他的名字中“览”与“懒”字音相似，棋界都顺口称他为“懒子”。

周懒予的祖父周慕松亦善围棋。周懒予五六岁时开始观祖父对局。周懒予观棋时专心致志，对每一个细节都非常用心，很快就通晓了围棋的攻守之法。若干年后，周懒予的棋艺日益精进。乡邻们都很喜爱这位年幼艺高、聪明机灵的孩子。

周懒予爱看小说，善于运用书中的神奇想象和绝妙构思，并能举一反三地运用在下棋上。每次对局，他总爱手拿一本小说边看边下，对方落子之后，他似乎不假思索，能很快应手，然后又看起小说来。碰到激烈战斗，对手冥思苦想，额头冒汗，他却安之若素，依然手执小说，看得津津有味。他计算力强，算度精准。棋局过半时，他常告诉对方："你将输几路。"局毕数子，不出所料。渐渐地，他声名远扬，方圆几百里内已无对手。后来，有好事者出银悬赏，招募天下高手同他对阵，每次他都得胜而归，周懒予的家人对此也感到十分欣慰。

当时棋界都热切盼望的一件盛事，便是风华正茂的周懒予与威风不减当年的过百龄决一雌雄。经好事者从中安排，议定"过周十局"之争。消息一传开，各地名手纷至沓来，大家都不想错过如此重大的赛事。经过数日较量，年富力强的周懒予终于击败了称霸棋坛几十年的过百龄，应验了俗话说"长江后浪推前浪"。

之后，周懒予又力挫清初的另一位名手周东侯，开始独步南北棋坛。有一次，山阴的棋手唐九经约来了全国十多位名手，密商出了一个对付周懒予的办法：周懒予一人为一方，十多个名手为另一方；周懒予每天出场，十多位棋手则轮流出场。他们觉得这种以逸待劳的车轮战术，可将周懒予折磨得精疲力尽，最后必然败下阵来。商定后，他们决定邀请周懒予在西湖进行比赛，然而经过十多天的角逐，周懒予竟大获全胜，而且每局胜负差距都在"毫发之间"。事后有人研究认为，周懒予始终"持一先不失，力争主动"，是他能胜众国手的主要原因。

三月闲亭对弈

选自《月曼清游图》册 （清）陈枚

收藏于北京故宫博物院

明代青花琴棋书画十八学士葫芦瓶

收藏于中国台北『故宫博物院』

周懒予的棋艺虽然登峰造极，但他承袭了前辈优秀棋手的良好棋德，为人非常谦虚。浙江兰溪人范高士曾问他：“你的棋艺是否已经无法超越？”他虚心答道：“今天这些棋手还不如我，可是，每次对局后，我仔细复盘，也常常发现自己有不妥之处。这说明我还应当努力研习，以求踏上一个新的台阶。”范高士闻言，钦佩不已。

在名满天下的“过周之战”中，周懒予几次坚持不肯下对子。许多人不解为何当时棋力已在过百龄之上的周懒予要这么做，到后来，大家才明白周懒予是为了表示对过百龄的尊敬。

“变化多端，轻巧玲珑，处处争先”，这便是周懒予独特的棋风。有人认为：“究其（指周懒予）所以胜者，持先而不失也。”确实，“宁输数子，不失一先”，处处争取主动权是周懒予下棋的最大特点。徐星友在《兼山堂弈谱》中还记载了周懒予在棋艺上的独创手段，即着法紧峭的“倚盖定式”：“过（百龄）周（懒予）倚盖起手，最为尽变。”从流传下来的过周遗局上看到的起手布局都是这种“倚盖定式”。徐星友在书中还说：“应双飞燕两压，其着法始于懒予，最为醇正。”“双飞”着法就是从周懒予开始使用并流传，并一直沿用至今的。

周懒予还有棋著《围棋谱》一卷，对后人研习棋艺有很大的指导作用。

『神手』黄龙士

黄龙士是清代又一位著名的棋手，据《兼山堂弈谱》和《弈雅堂文集》记载：黄龙士名虬，字月天，清顺治八年（公元 1651 年）生于江苏泰县。黄龙士自幼学棋，十六岁即达到国手水平，乡里再无人是他的对手。长大后，他同久负盛名的老国手盛在友对阵，锐气逼人，七战七捷，名声大噪。

由于黄龙士棋艺高超，人们将他尊为“棋圣”，并把他和思想家黄宗羲、顾炎武等人并称为“十四圣人”。当时推崇他的人非常多，如吕书舫公说他犹如“淮阴用兵，战无不胜”。王彦侗称赞说：“国初（指清代初期）以弈名家者，自过百龄而后，群贤蔚起，竞相争雄，迨黄龙士出一切俯视之，神手技矣。”他的学生徐星友也说他“一气清通生枝

《松下弈棋图》

（明）佚名

收藏于美国纽约大都会艺术博物馆

155.1 厘米 ×99.1 厘米。

清代竹雕人物笔筒

收藏于美国纽约大都会艺术博物馆

高4.5厘米，口径2.8厘米，底径4.3厘米。清宫旧藏。笔筒雕刻松下老人对弈的画面。

生叶，不事别求，其枯滞无聊境界，使敌不得不受。脱然高蹈，不染一尘，臻上乘灵妙之境。”从这些话语中，大致可以看出，黄龙士棋艺独特，初看着子似平淡无奇，实则寓意极深，令对手防不胜防。黄龙士下棋时还有极强的随机应变能力，常常出奇制胜。邓元惠评价说:“龙士用思尤密，深入奥窍。当危急存亡之际，群已束手智穷，能于潜移默运之间，益见巧心妙用，空灵变化，出死入生。”但是，这位“如天仙化人”的黄龙士却不幸英年早逝，使棋界过早陨落了一颗巨星。

在黄龙士之前，棋风局面狭窄凝重，呆板而缺少变化。黄龙士勇于创新，转变了围棋的风格，开创了局面开阔、轻灵多变、思路深远、气魄雄大的棋风。这是他对围棋发展的最大贡献。

黄龙士著有《弈括》一书，在书的自序中，他总结了自己多年的实战经验，见解精辟，发人深思。在文中，他是这样论述布局的：“辟疆启宇，廓焉无外，傍险作都，扼要作塞，此起手之概。”意思是说，起手布局，要占大场要点“作都”“作塞”；要由点到面，从起点考虑到今后的发展，以达到“上乘灵妙之境”。对中盘战斗，他强调要“能攻善守，攻守不可偏废”。他还认为：“地均则得势者强，力竞则用智者胜。要着着争先，不甘落后，力争主动。实实虚虚之间，正正奇奇之妙，此惟审于弃取之宜，明于彼此缓急之情。”这充分说明他下棋讲究策略，判断形势，虚实结合，手法灵活，不拘一格，并能审时度势，知己知彼，适时取舍。

黄龙士称雄棋坛时，天下棋手望风而靡。只有当时号称“清代围棋十大家”之一的著名棋手周东侯敢于同他对阵，虽屡战屡败，却从不气馁。

人品欠佳的徐星友

徐星友是继黄龙士之后称雄棋坛的一位高手。徐星友是钱塘人，书法、绘画都很好，尤其擅长围棋。据《杭州府志》记载，徐星友很晚才开始学棋，最初师从黄龙士。徐星友学习刻苦，常常细心揣摩，所以棋艺进步很快。徐星友学有所成时，和老师黄龙士下了非常著名的十局棋。当时，徐星友的棋艺已经达到和老师只相差二子的程度了，但黄龙士仍以三子相让。因为多让了一子，黄龙士费尽心力也难重展昔日之雄风。结果可想而知，师徒二人这十局棋下得异常激烈，时人称之为“血泪篇”。徐星友下完这十局棋之后，又悟出不少弈棋的奥妙，棋艺猛进，不久便与老师齐名。

出名后的徐星友开始游历京城，寻访天下名手一决高下。一班饱食终日的达官贵人如获至宝，将徐星友奉为座上客。而徐星友的目的是在京城寻找更多的机会，会更多的对手，使自己的棋艺有长足的进步。进京伊始，徐星友就听说京城有一位自称棋艺天下第一的高丽使者，便慕名前去会棋，一连赢了高丽使者好几局。由此，徐星友一鸣惊人，从此身价百倍。

著名戏剧家孔尚任曾在某显贵家观看过徐星友与当时著名棋手周东侯的对局，还写下了“疏帘清簟坐移时，局罢真教变白髭。老手周郎输二子，长安别是一家棋”的诗句。这首诗真实地描绘了徐周二人之间的一场恶斗。据说这盘棋从吃完早饭时下起，每着一子，双方都琢磨再三，直下到中午方才结束。计算结果，周东侯输了两子，沮丧的老棋手只得“袖手而去”。

康熙末年，在棋坛上称霸四十余年的徐星友在京城遇到后起之秀程兰如，两人决定大战几个回合。历史总是出人意料地巧合，徐星友重蹈当年周东侯覆辙，成了程兰如的手下败将。事后，徐星友自知大势已去，便从此归隐故里，开始他的著作生涯。

虽然同为围棋高手，但黄龙士为人诚朴耿直，徐星友却为了利益手段卑鄙，当时流传着“徐星友下棋赚官”的故事。乾隆年间，徐星友和黄龙士都在宫里当围棋供奉。有一天，徐星友来找到黄龙士，跟他说：“老师，您的棋艺我远远不及，已经赢过我很多次了。下次在皇帝面前时，能不能暗地里让我赢一次？”黄龙士心想，本来平时下棋也是让着徐星友的，让他赢一次又如何，就爽快答应了。第二天，乾隆命他们二人下棋，并指着一个红色漆盒表示谁赢了谁就能得到。黄士龙看了并没有在意，因为每次皇帝都有赏赐，以为不过是金银钱财罢了。

对局中，徐星友频频使眼色，恳求黄龙士手下留情。黄龙士想，赢

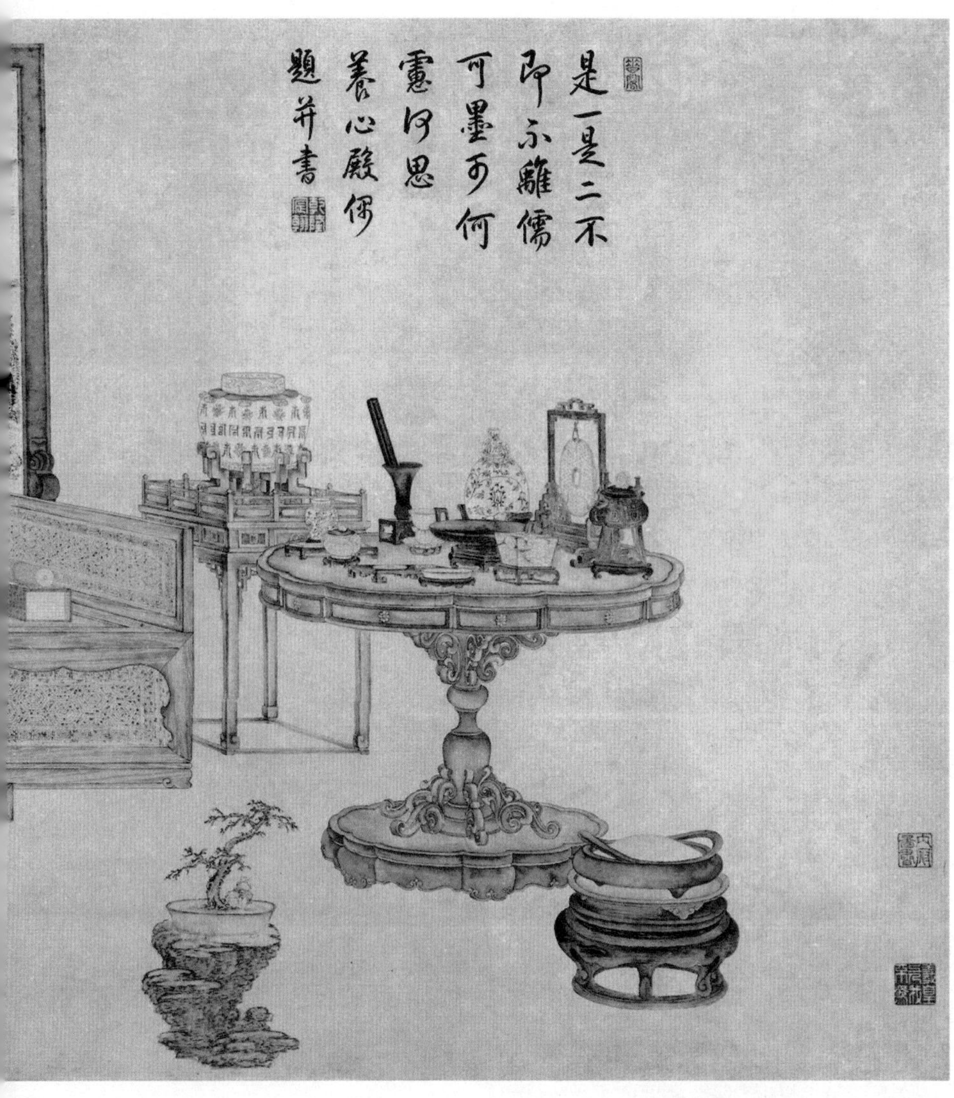

《弘历鉴古图》

（清）佚名 收藏于北京故宫博物院

纸本设色，118厘米×61.2厘米。画面中是乾隆皇帝鉴赏古物的情景。在乾隆皇帝的背后，悬挂着一幅与其一模一样的画像，乾隆皇帝御题『是一是二，不即不离。儒可墨可，何虑何思』。

是很容易的，但想到昨天答应徐星友的事情，便有意相让。棋局结束时，黄龙士输了一子。乾隆看了，对黄龙士感叹道："你的命没有徐星友好！"盒子打开后，里面放着的是一张知府委任状。黄龙士追悔莫及，内心直呼上当。徐星友接过委任状，叩首谢恩，面露得意之色，扬长而去。原来，乾隆身边徐星友平时巴结的太监头一天就把这个消息透露给了他。

徐星友家业富足，财大气粗。于是，他盖起一座豪华的楼房，前后宅遍置美女，夜以继日，丝竹管弦，游宴不停。布置停当，他恭恭敬敬地把恩师请到家中居住。当时人们都以为徐星友得名不忘本，善待恩师，无不啧啧称赞。黄龙士每日被锦衣玉食地供奉着，在徐星友的安排下狎名妓，品美酒，灯红酒绿，纸醉金迷，乐不思"棋"。三年之后，沉湎于声色犬马的黄龙士终于精力衰竭，一命呜呼。

关于黄龙士的死还有另一种说法。有人认为是徐星友以激将法将恩师除去，从而使自己得以取代其在棋坛的霸主地位。徐星友知道黄龙士素来以"弈圣"自负，争强好胜，从不服输。一日，他专门请来三位弈林中的高手，三人的棋力虽不及黄龙士，却也只是稍逊而已。把三位高手安顿好以后，徐星友将黄龙士请到自己家中，指着早已摆好的三副棋说："这三个人的棋艺高超。我同时与三人对局，每次必负无疑。这三人口出狂言，说是即使恩师到了，以一对三也无胜算，我可不能让他们坏了老师您的名声啊，老师您以为呢？"被徐星友一激，黄龙士当下说要"大杀三方"。结果，他轮流走子，这三人又都不是泛泛之辈，直逼得黄龙士使出平生绝学，累得满头虚汗，才勉强把三盘棋赢了下来。就在当夜，黄龙士因为劳累过度，吐血而死。

徐星友终于取代恩师，成为弈林第一高手。

『当湖十局』与『范施争锋』

围棋发展到清代已经到达巅峰，涌现出了许多著名的高手，范西屏和施定庵便是他们中的佼佼者，同时也是千古弈林中前所未有的大师。范西屏和施定庵都是浙江海宁人，年龄也仅差一岁，因而被誉为“同乡棋圣”。《清稗类钞》上是这样评价他们的：“范西屏以神化擅声，施定庵以无敌标誉……以围棋之正运，乃千秋之极轨也。”

范西屏生于康熙四十八年（公元1709年），他的父亲是当地有名

《溪亭山色图》轴

（元）柯九思　收藏于中国台北『故宫博物院』

《吕洞宾过岳阳楼图》

（元）佚名　收藏于美国纽约大都会艺术博物馆

吕洞宾路过岳阳楼时，将二精投胎为郭马儿、贺腊梅夫妇，并约定三十年后来度化。三十年后吕洞宾复来此，度化郭出家，郭拒绝。吕洞宾三至岳阳楼时，又要郭杀妻出家。郭回家后，见妻子身首异处，就将吕洞宾告官，发现其妻并未真死，而官员正是神仙汉钟离。夫妻顿悟，双双受点化，得道成仙。

的棋迷。范西屏从小就跟着父亲学棋，由于悟性极高，到七八岁时就已经能与当地高手抗衡了。后来，他师从山阴高手俞长侯，十二岁时便与师傅齐名，十六岁已经成为天下公认的第一高手了。

出身于书香门第的施定庵很小时起便专攻棋、琴，父亲常对他说“琴尚淡雅而鄙繁支，棋贵虚灵而病沾滞”。因为环境的熏陶，他对棋理渐有所悟。后来，施定庵与范西屏一起师从俞长侯。有一次，当时的著名国手梁魏今带施定庵到岘山游玩，梁指着山下奔涌而出的山泉说：“下棋的道理就和这山泉一样，自然流畅，毫无阻滞。如果拘泥于古谱，锐意深求，反而过犹不及了。”施定庵天性聪颖，很快就能穷尽自然之妙，棋风也如行云流水，变化无穷。

范西屏棋招绝妙，有些记载把他的棋说得神乎其神。据说有一次，范西屏来到京城，在武庙与一山僧对弈，这个僧人头一天晚上梦见关羽对他说：“明日对弈，见棋盘上有光处落子即可。”但次日弈局，光突然不见。僧拈子迟疑不决，直至光复现才下子。结果，弈成了和棋。当晚，僧人又梦见关公对他说：“范西屏太厉害了，幸而请来吕洞宾相助，否则就输定了。”

当时弈林的焦点话题，便是揣测范西屏和施定庵的棋力孰高孰低。清朝文学家袁枚在《小仓山房文集》中说：范西屏和施定庵对弈，范嬉游歌呼，随手应对，而施定庵与之相反，常常是“敛眉沉思”，至晚未落一子。按袁氏的说法，似乎范西屏比施定庵棋艺高出许多。但多数人并不接受这条扬范抑施的记载。

范、施二人在清乾隆四年（公元 1739 年）的“当湖十局”，其实解答了许多人心中的疑问。当时三十一岁的范西屏与小他一岁的施定庵在浙江平湖相逢。两人技痒难耐，大战了十局，结果平分秋色。高下虽然难分，但这一场恶斗大气磅礴，杀法精谨，成为前无古人的围棋杰作，一直供后世学棋之人研习、揣摩。大概是范、施两人相知甚深，都知道赢不了对方，所以除“当湖十局”外，他们并无其他对局棋谱传世。

范、施二人棋力相当，知己知彼，《清代轶闻》还有与他们相关的一则记载。当时扬州有一个仅次于范、施的著名棋手胡兆麟，下起棋来不顾死活，横冲直撞，专门吃“大龙”，弈林中人多惧怕他这种狠劲。有一次，范西屏与他下授二子棋，胡兆麟又使出以往穷追猛打的招法，但未到中局，自己的一条“大龙”反被范西屏困住。见大事不妙，胡兆麟推称身体不适，请求暂时封棋，然后派人快马加鞭向施定庵求教。第二天重开战局后，胡兆麟刚下数子，范西屏就笑着说：“定庵人未到，没想到棋先到了。”胡兆麟听了羞愧交加，这局棋也只好罢弈。

范、施二人之后的大国手周小松曾说：“惟范、施不能敌，余皆能抗衡。”从这话中不难看出，范西屏和施定庵的确是清代弈林同领风骚的巨匠。

附 围棋中的诗韵

围棋赋

马融（东汉）

略观围棋兮法于用兵，三尺之局兮为战斗场。
陈象士卒兮两敌相当，拙者无功兮弱者先亡。
自有中和兮请说其方，先据四道兮保角依旁。
缘边遮列兮往往相望，离离马首兮连连雁行。
踔度间置兮徘徊中央，违阁奋翼兮左右翱翔。
道狭敌众兮情无远行，棋多无策兮如聚群羊。
骆驿自保兮先后来迎，攻宽击虚兮跄踤内房。
利则为时兮便则为强，厌于食兮坏决垣墙。
堤溃不塞兮泛滥远长，横行阵乱兮敌心骇惶。
迫兼棋岳兮颇弃其装，已下险口兮凿置清坑。
穷其中罫兮如鼠入囊，收取死卒兮无使相迎。
当食不食兮反受其殃，胜负之策兮于言如发。
乍缓乍急兮上且未别，白黑纷乱兮于约如葛。
杂乱交错兮更相度越，守规不固兮为所唐突。

深入贪地兮杀亡士卒，狂攘相救兮先后并没。
上下离遮兮四面隔闭，围合罕散兮所对哽咽。
韩信将兵兮难通易绝，身陷死地兮设见权谲。
诱敌先行兮往往一室，捐褰委食兮遗三将七。
迟逐爽问兮转相伺密，商度道地兮棋相盘结。
蔓延连阁兮如火不灭，扶疏布散兮左右流溢。
浸淫不振兮敌人惧栗，迫役踧踖兮惆怅自失。
计功相除兮以时各讫，事留变生兮拾棋欲疾。
营惑窘乏兮无令诈出，深念远虑兮胜乃可必。

悟棋歌

吕公（生卒年不详）

因观黑白愕然悟，顿晓三百六十路。
余有一路居恍惚，正是金液还丹数。

一子行，一子当，无为隐在战征乡。
龙潜双关虎口争，黑白相击迸红光。
金土时热神归烈，婴儿又使入中央。

水火劫，南北战，对面施工人不见。
秘密洞玄空造化，谁知局前生死变。

人弃处，我须攻，始见阴阳返复中。
综喜得到无争地，我与凡夫幸不同。
真铅真汞藏龙窟，返命丹砂隐帝宫。
分明认取长生路，莫将南北配西东。

五古·观棋大吟

邵雍（宋）

人有精游艺，予尝观弈棋。
筭余知造化，着外见几微。
好胜心无已，争先意不低。
当人尽宾主，对面如蛮夷。
财利激于衷，喜怒见于頄。
生杀在于手，与夺指于颐。
戾不殊冰炭，和不侔埙篪。
义不及朋友，情不通夫妻。
珠玉出怀袖，龙蛇走肝脾。
金汤起樽俎，剑戟交屏帏。

白昼役鬼神，平地蟠蛟螭。
空江响雷电，陆海诛鲸鲵。
寒暑同舒惨，昏明共蔽亏。
山河灿于地，星斗会璇玑。
因睹输赢势，翻惊宠辱蹊。
高卑易裁制，返覆难拘羁。
心迹既一判，利害不两提。
卷舒当要会，取舍在须斯。
智者伤于诈，信者失于椎。
真伪之相杂，名实之都隳。
得者失之本，福为祸之梯。
乾坤支作讼，离坎变成睽。
弧矢相凌犯，言辞共诋欺。
何尝无胜负，未始绝兴衰。
前日之所是，今日之或非；
今日之所强，明日之或羸。
以古观后世，终天露端倪；
以今观往昔，何止夫庖牺？
尧舜行揖让，四凶犹趄赼。
汤武援干戈，三老诚有讥。
虽皋陶陈谟，而伊周献规。
曾未免矣夫，疗骨而伤肌。
仁为名所败，义为利所挤。
治乱不自已，因革徒从宜。
与贤不与子，贤愚生瑕疵；

与子不与贤，子孙生疮痍。
或苗民逆命，或有扈阻威，
或羿浞起衅，或管蔡造疑，
或商人征葛，或周人乘黎，
或鸣条振旅，或牧野搴旗。
灼见夏台日，曾照升自陑。
安知羑里月，不照逾孟师？
厉王奔于彘，幽王死于骊。
平王迁于洛，赧王败于伊。
或盟于召陵，或会于黄池，
或战于长岸，或弑于乾溪，
或入于鄢郢，或栖于会稽，
或屠于大梁，或入于临淄。
王霸共吞噬，七雄相鞭笞。
暴秦灭六国，楚汉决雌雄。
天尽于有日，地极于无涯。
遐尔都包括，纵横悉指挥。
井田方奕奕，兵甲正累累。
易之以阡陌，画之以效畿，
销之以锋镝，焚之以书诗。
罢侯以置守，强干而弱枝。
重兵栖上郡，长城慚边陲。
自谓磐石固，万世无已而。
回天于指掌，割地于阶墀。
视人若蝼蚁，用财如沙泥。

阿房宫未毕，祖龙车至戏。
骊山卒未放，陈涉兵自蕲。
灞上心非浅，鸿门气正滋。
咸阳起烟焰，南郑奋熊罴。
人鬼同交错，风云共惨凄。
项强刘未胜，得鹿莫知谁。
约法三章在，收兵五国随。
庙堂成筭重，帷幄坐筹奇。
广武貔貅怒，鸿沟虎豹饥。
荥阳留纪信，垓下别虞姬。
三杰才方展，千年运正熙。
山川旧形胜，日月新光辉。
正朔承三统，车书混四维。
方隅无割据，穷僻有羁縻。
后族争行日，军分南北司。
当时无佐命，何以救颠阶？
百战方全日，长兵震天垂。

《阿房宫图》卷（局部）

（明末清初）佚名　收藏于爱尔兰切斯特贝蒂图书馆

宽49.2厘米，长1050.5厘米。阿房宫被誉为『天下第一宫』，是秦修建的宫殿建筑群。纵观图卷中宫殿全貌，不难发现它的选址以及建筑布局都具有很强的轴线意识。阿房宫的修建工程浩大，直到秦始皇去世时，都尚未建成。秦始皇时期的四大工程是长城、阿房宫、秦直道、秦始皇陵，这些建筑的修建都十分消耗物力、财力和人力。

岂知巫蛊事，祸起刘曲氂。
冢宰司衡日，重明正渺㳽。
见危能致命，无忝寄孤遗。
剧贼欺孤日，行同狐与狸。
宫中凌寡妇，殿上逐婴儿。
龙戏知何所，冰坚正在兹。
溃堤虽患水，御水敢忘堤？
东汉重睎日，昆阳屋瓦飞。
幽忧新室鬼，狼籍渐台尸。
鄗邑追隆准，新安扫赤眉。
再逢火德王，复睹汉宫仪。
窦邓缘中馈，阎梁挟牝鸡。
经何功殆尽，至董业都糜。
河洛少烟火，京都多蒿藜。
长天有鸟度，白骨无人悲。
城有隍须复，羊无血可刲。
大厦之将颠，非一木可支。

《阿房宫图》卷（局部）
（明末清初）佚名　收藏于爱尔兰切斯特贝蒂图书馆

孟德提先手，仲谋藉世资。
玄德志不遂，意终于涕洟。
西晋尚清谈，大计悬品题。
妇人执国命，骨肉生疠疵。
二主蒙霜露，五胡乱鼎彝。
世无管夷吾，令人重歔欷。
广陌羌尘合，中州胡马嘶。
龙光射牛斗，日影化虹蜺。
辟草来洛汭，垦田趋江湄。
二百有四年，方驾而并弛。
东晋分南尾，时或产灵芝。
凡经五改命，至陈卒昌隋。
国破西风暮，城荒春草萋。
长江空满目，行客泪沾衣。
后魏开北首，孝文几缉绥。
河阴旋有变，国分为东西。
尔朱夺高氏，宇文灭北齐。
及隋始并陈，四海为藩篱。
泛汴公私匮，征辽士卒疲。
有身皆厌苦，无口不嗟恣。
处处称年号，人人思乱离。
中原未有主，谁识非鹿麋。
千一难知日，天人相与期。
龙腾则云霭，虎步则风凄。
母后专朝日，相仍絮宫闱。

可差桓彦范，不杀武三民。
绣岭喧歌舞，渔阳动鼓鼙。
太平其可傲，徒罪一杨妃。
剑阁离天日，潼关漏虎貔。
两京皆覆没，九庙咸倾攲。
乐极则悲至，恩交则害携。
事无事奈何，举目谁与比？
自此藩方盛，都无臣子祇。
恃功而不朝，讨贼以为词。
各拥部兵盛，谁怜王室卑？
邀朝迁姑息，观社稷安危。
攻取非君命，诛求本自肥。
乘与时播越，扈从或参差。
尾大知难运，鞭长岂易麾。
长奸忧必至，养虎害终贻。
国步何颠沛，君心空忸怩。
时来花烂漫，势去叶离披。
十姓分中夏，五家递通逵。
徒明星有烂，但东方未晞。
才返长芦镇，旋驱胡柳陂。
绛霄兵自取，玄武火何痴！
中渡降堪罪，栾城死可嗤。
太原朝见入，刘子夕闻啼。
事体重重别，人情旋旋移。
弃灰犹隐火，朽骨尚称龟。

谲诈多阴中，艰忧常自罹。
挠防肤革易，患救腹心迟。
语祸不旋踵，言伤浪噬脐。
欲升还陨落，将附却扶持。
瞑眩人皆恶，康宁世共晞。
须能蠲重疾，始可谓良医。
久废田跷确，难行路险巇。
不逢真主出，何以见施为？
家国遭迍极，君臣际会稀。
上天生假手，我宋遂开基。
睿弄随方设，群豪引领归。
迄今百余载，兵革民不知。
成败须归命，兴亡自系时。
天机不常设，国手无常施。
往事都陈迹，前书略可依。
比观之博弈，不差乎毫厘。
消长天旋运，阴阳道范围。
吉凶人变化，动静事枢机。
疾走者先颠，迟茂都后萎。
与其交受害，不若两忘之。
求鱼必以筌，获兔必以罘。
得之不能忘，羊质而虎皮。
道大闻老子，才难语仲尼。
造形能自悟，当局岂忧迷！
黑白焉能浼，死生奚足犄！

应机如破的，迎刃不容丝。
勿讶旁人笑，休防冷眼窥。
既能通妙用，何必患多歧？
同道道亦得，先天天弗违。
穷理以尽性，放言而遣辞。
视外方知简，听余始识希。
大羹无以和，玄酒莫能漓。
上兵不可伐，巧历不可推。
善言不可道，逸驾不可追。
兄弟专乎爱，父子主于慈。
天下亦可授，此著不可私。

三十字母

钱长泽（清）

布局先存根地，可关可折最利，
六三胜是九三投，铁网七三非计。
行子要得实地，垂莲大角用意，
神头倚盖扭双飞，尖轧飞关审细。
探子观其动静，正应留作伏兵，
敌棋应错大侵分，亦有全军覆尽。
侵分须观外势，搜根实已完全，
敌棋正应莫投完，留作伏兵休恋。
点方破眼要着，其余留作伏兵，
稍能借此可攻侵，点实却无空隙。
罩法墙高可用，尖出应以斜飞，
让他一子不为奇，虽活得其外势。
孤棋先轧眼位，被围细算出头，

他孤吾走暗侵搜，攻逼无根轧瘦。
断头原分长短，应断不可迟疑，
相思明暗看清些，轧法连环要细。
攻逼先带含补，也须照应邻棋，
攻伊必应莫迟疑，最忌杀机存意。
补病必须补净，内外照应无虞，
虚中实不补，要补实中虚。
立子两边有应，实己兼逼他棋，
倘然呆立却非宜，病处何曾回避。
硬字独言应子，以退为进称良，
硬中带软甚庸常，应硬亦当细想。
弃子无论大小，细看应与不应，
脱先转换势能成，因此反能取胜。
脱先先作本处，可丢便去脱先，
弃小就大莫迟延，可脱不宜贪恋。
搜法寻求空隙，先得实地为君，
去其眼位使无根，总走便宜失尽。
半局须看空隙，吊轧转换腾挪，
借意得实为主，大小看明攻补。
夹乃乘虚而用，借他先手最宜，
断头长短莫狐疑，有夹须当看细。
杀要夺路破眼，细观宽紧出头，
钓竿独立顶头收，残局莫教遗漏。
做宽成眼对半，不能护断为先，
做紧断扑顶头连，下子先存成算。

劫棋通盘不打，长生彼此难收，
便宜他处暂时丢，大小宽三莫就。
活法不宜执一，细观过渡兼攻，
外投内活更玲珑，一劫做成妙用。
奇乃兵家变法，手谈何异行兵，
他奇吾正变难生，受困必须奇应。
渡过两边连络，立拖虚实不离，
盘头顶轧最便宜，通局还当审细。
征棋共有四名，盘征反正回纹，
临征仔细看分明，独有盘征尤甚。
门棋原非一种，盘门软硬大门，
敌棋另有一无根，放走两边受困。
盘头最为得势，先手活渡勿迟，
收法他呆我实，留心笼逼他棋。
封头乘其未活，三面有应必封，
断头先与顶头封，收得中腹受用。
成势或成大块，勿贪些小便宜，
使他走破最难医，折本何堪加利。
顶子阻连破腹，又能避轧避分，
细看呆子最多情，要处用之妙甚。
官子要得实地，一路二路转头，
破空收空细搜求，彼此相持勿走。